世界社会主义名人传记

Lessner:
A
Biography

列斯纳传

[苏] 伊·米·西涅尔尼科娃 著
孙家衡 胡永钦 译

中央编译出版社
Central Compilation & Translation Press

图书在版编目（CIP）数据

列斯纳传 /（苏）伊·米·西涅尔尼科娃著；孙家衡，胡永钦译. —— 北京：中央编译出版社，2023.4
ISBN 978-7-5117-4261-2

Ⅰ.①列… Ⅱ.①伊… ②孙… ③胡… Ⅲ.①列斯纳（Lessner, Friedrich 1825-1910）- 传记 Ⅳ.① K835.167.4

中国版本图书馆 CIP 数据核字（2022）第 165591 号

列斯纳传

统筹策划	张远航
责任编辑	汪　婷
责任印制	刘　慧
出版发行	中央编译出版社
地　　址	北京市海淀区北四环西路 69 号（100080）
电　　话	（010）55627391（总编室）　（010）55625176（编辑室）
	（010）55627320（发行部）　（010）55627377（新技术部）
经　　销	全国新华书店
印　　刷	北京文昌阁彩色印刷有限责任公司
开　　本	880 毫米 ×1230 毫米　1/32
字　　数	148 千字
印　　张	8.5
版　　次	2023 年 4 月第 1 版
印　　次	2023 年 4 月第 1 次印刷
定　　价	72.00 元

新浪微博：@ 中央编译出版社　微信：中央编译出版社（ID：cctphome）
淘宝店铺：中央编译出版社直销店（http://shop108367160.taobao.com）
　　　　（010）55627331

本社常年法律顾问：北京市吴栾赵阎律师事务所律师　闫军　梁勤
凡有印装质量问题，本社负责调换。电话:（010）55626985

译者序

在19世纪国际工人运动中曾有过一批著名的活动家,他们受到马克思、恩格斯的培养和教育,毫无保留地把自己的一生献给争取人类光明未来的宏伟事业,弗里德里希·列斯纳就是其中之一。这位朴实而坚强的革命者,在接受马克思主义的革命学说后,就彻底转变了世界观,坚决相信社会主义事业必然胜利。五六十年间,他英勇地经受了各种考验,始终洋溢着饱满的乐观情绪,不倦地宣传马克思主义,为革命事业心甘情愿地献出了自己的全部力量和整个生命。在马克思、恩格斯建立无产阶级政党的斗争中,他是他们的得力助手;在共产主义者同盟时期(1847—1852年),他是积极的活动家和组织者;在第一国际时期(1864—1872年),他是优秀的领导人之一;在70—90年代,他在理论上日益成熟,有了丰富的斗争经验,对西欧各国社会主义运动

起了重大作用。学习这位德国和国际工人运动老战士的高贵品质,研究他的生平活动,对于用光荣的革命传统教育我们青年一代人,无疑将具有重大的意义。

本书是根据1975年莫斯科思想出版社出版的《弗里德里希·列斯纳》翻译的①,该书的作者是苏共中央马列主义研究院的科学研究人员伊·米·西涅尔尼科娃。在翻译过程中,曾根据1980年柏林狄茨出版社伊琳娜·洪特的德译本进行核对,校正了原书某些年代和地点,增补了某些材料。本书附录中的《弗里德里希·列斯纳生平活动大事记》,是译者参阅有关材料编写的。

---

① 本书中文版初版于1984年由人民出版社出版。

目 录

第一章 从魏特林的空想共产主义到科学共产主义 /003

　　童　年 /005

　　早期的流浪生活 /006

　　汉堡——一个对比鲜明的城市 /007

　　学习政治斗争的第一所学校 /013

　　在英国 /024

　　在共产主义者同盟的摇篮里 /030

　　第一次会见马克思和恩格斯 /033

　　身受重托 /036

第二章 "把毕生献给人类的解放" /041

　　革命初期 /043

　　在英国"也闹起来了" /044

　　1848 年 4 月 10 日 /047

　　到科隆去,那里才真有事可干! /049

　　科隆九月事件的参加者 /055

在农村的宣传鼓动工作 / 058

科隆的街垒战斗 / 062

在科隆工人联合会里 / 064

策略问题 / 065

工人联合会的改组 / 066

"马克思没有申辩,而是指责……" / 069

为建立群众性的无产阶级政党而斗争 / 071

第三章　秘密工作,身陷囹圄 / 075

参加共产主义者同盟的改组 / 077

领导美因兹工人联合会 / 082

莱比锡警察"荣立殊勋" / 085

"你们可以摧毁我,但绝不能使我低头!" / 086

在格劳顿茨要塞 / 097

在季尔别尔堡 / 099

获　释 / 103

第四章　再次流亡 / 107

勤奋学习理论 / 109

新的环境——新的对策 / 112

一家之长 / 119

在伦敦德意志工人教育协会(1860—1864 年)/ 120

目 录

第五章 第一国际 / 125

  国际工人协会的诞生 / 127

  总委员会委员 / 128

  《先驱》的通讯员和宣传员 / 133

  为英国的选举法改革而斗争 / 137

  争取被压迫人民的自由 / 144

  维护本阶级的共同利益

    ——这是光荣的事业 / 148

  在国际代表大会和代表会议上维护马克思的路线 / 155

  第一国际时期的伦敦德意志工人教育协会 / 170

  一颗重型炮弹 / 178

  在巴黎公社的日子里 / 182

  "国际的存亡" / 188

第六章 热情的马克思主义宣传员 / 191

  在英国工人运动的最前线 / 193

  第一国际以后的伦敦工人教育协会 / 204

  托登楠街49号 / 208

  马克思主义的宣传员 / 210

  巨大的损失 / 216

  遗产的保管人 / 223

  工人报刊的通讯员 / 226

欢呼俄国工人的胜利 / 230
晚　年 / 231
布兰肯海恩镇的光荣儿子 / 236

附录　弗里德里希·列斯纳生平活动大事记 / 241

和你这样的老同志在同一个战场上为反对同一个敌人而共同战斗，我将永远感到高兴。

——恩格斯致列斯纳的信

囚室里昏暗、肮脏、阴冷。放在屋角的那个尿桶散发着臭气，同屋里潮湿霉烂的气味混在一起。脏水成行地顺着墙壁流下来。格劳顿茨要塞的厚实墙壁令人闷得难受，在囚室里休想见到一线阳光。

一个28岁的年轻人，坐在一个翻倒代替桌子的木箱旁边，紧裹着一件破旧的直领制服，还冷得直哆嗦。他环顾潮湿的墙壁，看到屋角那堆发霉的破烂被褥，看到这令人作呕的环境，不禁感到厌烦。这时是1853年7月18日下午四点钟。蜡烛的火焰映红他那张长着浅褐色络腮胡须的面孔，也照在他面前那本摊开的笔记本上。

"我要顶住，不管在哪里，我一定要顶住……未来就是我唯一的希望。所以要勇敢，勇敢，再勇敢……你们可以摧毁我，但绝不能使我低头。"他用那只冻僵的手勤奋地写着。

这个犯人的名字叫弗里德里希·列斯纳。他是德国的一名裁缝工人、共产主义者同盟盟员、德国1848—1849年革命的参加者。在科隆共产党人审判案中,他被判处三年监禁,先在格劳顿茨要塞服刑,后来又转押在季尔别尔堡。被释放后,他成了伦敦德意志工人共产主义教育协会的领导人之一。他是国际工人协会的积极活动家,在国际工人运动中积极宣传马克思和恩格斯的思想。

列斯纳在监禁时期写了一本狱中日记,详细地描述了他在1850年2月22日以后的全部遭遇。日记中有些书信是他寄给监外的未婚妻和朋友们的信件的底稿,有些信收件人并未收到,因为已被狱长扣留了。日记中还有他收到的书信的抄件。

这本日记以及苏共中央马列主义研究院收藏的列斯纳的大量的手稿档案(例如,他写给卡尔·马克思、弗里德里希·恩格斯、约翰·菲利浦·贝克尔、威廉·李卜克内西的信,写给马克思的女儿们的信,他的演讲和回忆录的草稿),都是回忆他的形象的无价之宝。它们描绘了列斯纳这位无产阶级革命家的品格:他忍受了千辛万苦,对毕生从事的事业的胜利前景却始终是那样乐观,那样坚信不疑。

第一章
从魏特林的空想共产主义到科学共产主义

第一章　从魏特林的空想共产主义到科学共产主义

童　年

在哈尔茨山脉环抱的风景如画的图林根地区，有一个孤零零的小村镇，名叫布兰肯海恩。在19世纪初的德国，像这种居民刚刚超过一千人的小城镇是很多的。它在魏玛的南面，一度属于魏玛公国。大多数居民是手工业者和商人。闻名遐迩的魏玛细瓷生产，刚刚开始具有工场手工业的形式。

1825年2月27日上午九时，正像布兰肯海恩的教会出生册上所记载的，在弗雷德丽卡·普勒特纳的家里，一个非婚生子降临人世，取名弗里德里希·克里斯提安·爱德华。在"父亲"那一栏里写着：魏玛的下级军官弗里德里希·列斯纳。由于父亲早就过世，列斯纳对他毫无印象。继父暴戾专横，对待列斯纳非常残酷。母亲只好把这个男孩送到乡下，交给远房亲戚。他的童年就是在乡村度过的。

列斯纳很小就帮忙做家务活了，他没上过几天学，而且还是时断时续的。对他说来，这也不是什么很大的损失，因为当时学校里盛行令人愚昧的宗教教育。列斯纳还

记得这样一件有趣的事:

"自然史的教员问:'为什么全能的上帝要黑夜逐渐代替白天?'我们必须回答:'为了不使人们眼睛发花。'要是有哪个少年不这样回答,那他就要倒霉了。"①

14岁的弗里德里希·列斯纳辍学后被送到魏玛,在一个裁缝师傅格雷尔曼的手下过了四年严格的学徒生活。

列斯纳学徒期满,成了一名帮工。按当时习俗,他背起背包,漫游各地了。

这是1842年春天的事。

早期的流浪生活

列斯纳到了耶拿,在格拉工作了几个月,1842年,他走遍了萨克森地区。1843年,他在西里西亚和里森山区看到了贫困交加的织工。西里西亚无产阶级的生活环境和劳动条件十分恶劣,他们忍无可忍,这就引发了著名的1844年织工起义。

列斯纳在布雷斯劳(现称弗罗茨瓦夫)找不到工作,就到了柏林。但是,他在柏林也找不到工作,因为当时德

---

① 列斯纳《一八四八年前后》,载《德意志言论》1898年第3册第98页。

第一章　从魏特林的空想共产主义到科学共产主义

国各个城市里到处都有许多破产的手工业者和因贫困离乡的农民。德国刚刚走上资本主义的发展道路，工业还没有什么发展，不能吸收因破产而腾出的人手——手工业者和农民。

列斯纳在诺伊施特雷茨短期逗留以后，终于在梅克伦堡找到一份临时工作，暂时有了收入。后来又途经卢卑克，向汉堡走去。

1843年秋天，年轻的裁缝帮工弗里德里希·列斯纳走遍了大半个德国，亲眼看到劳动人民的苦难，积累了一些生活经验。最后，他在汉堡住了三年。

汉堡——一个对比鲜明的城市

帝国城市汉堡是当时世界贸易的最大中心之一。拥有第一流港湾的汉堡，使中欧同远洋各国互相联结。这个城市的主宰是大商业资产阶级、银行家、百万富翁，他们经营金融业务，积攒了巨额资产。

亨利希·海涅在描写汉堡的资产阶级时，曾提到那些有钱的银行家、股票经纪人：他们带着一副"狡诈虚伪的面孔"，唯利是图，"笑脸迎人"；他们"精打细算，跑交易所，摇晃下巴，付小费还要计算一番"；他们斤斤计较，

连本人"也变得和数目一样"。海涅写道:"汉堡是一个大会计室,在这小小的自由之邦到处是银行精神。"①

在宽阔街道的两旁,矗立着办公大楼、商号、公司、富商们的豪华私邸。与此形成鲜明对照的是污秽弯曲的小街陋巷和拥挤的小户人家。一方面是奢侈豪华,富丽堂皇;一方面是贫穷痛苦,寒酸简陋。

汉堡工人教育协会的报纸《工人小报》曾这样描写汉堡:"在这举世闻名的商业城市,资产阶级住在明亮的宫殿里,商店的大玻璃橱窗在阳光下傲慢地闪闪发光。大商人的汽船,运来英伦三岛的华美货物,供挥金如土的人恣意享受……我们眼花缭乱、局促不安地离开这些豪华的大街,想找一条僻静的街道。随着这里的灯火越发稀少,那种耀眼震耳和令人懊丧的感觉也就逐渐消失。这里没有傲慢和虚荣,一个手工业者在埋头干活,他离群索居,毫不显眼……"②

汉堡的工业在行会制度的束缚下已经奄奄一息,行会规章十分严峻,凡是没有加入行会的人,就不能从事该行

---

① 《海涅全集》俄文版第5卷第57页、第4卷第153页、第11卷第163页。

② 1845年10月11日《工人小报》。

第一章　从魏特林的空想共产主义到科学共产主义

会所垄断的手艺。

例如，参加面包师行会是一种世袭的特权，这种特权可以通过结婚获得，也可以花一笔钱买到手。行会的头目是城市的真正主宰。行会规定粮食的价格和质量，绝不允许从外地运进粮食。屠宰行会和酿酒行会也是如此。

裁缝业、木匠业和鞋匠业并没有这种行会规章的限制，这些行业走上资本主义的发展道路比较早。汉堡裁缝的产品向各国大量出口，其中包括东亚、巴西和东印度。汉堡的裁缝行会是人数最多的行会之一。在1811年，它有158名入会师傅、350名个人开业的师傅、400~450名帮工，以及20名学徒。19世纪到了50年代初，有1013名师傅，还有133个寡妇在家里做活。①

汉堡的广大帮工和雇工群众，处境非常艰难。他们的工作日很长（裁缝从早晨七点工作到晚上九点），但工资微薄，难以糊口。当时的粮食价格急剧上涨。从事手工业的穷人住的是简陋的木棚，十几户人家共住一个木棚，只用一些薄板作为间隔。19世纪40年代初，霍乱蔓延，小棚户里的人因此而丧命的不计其数。

---

① 亨·劳芬堡《汉堡工人运动史》1911年汉堡版第44页。

汉堡警察局对蜂拥而至的帮工深感不安,因为新来的人会影响当地的帮工。新来的帮工必须到警察局去登记,如果不被准许在这个城市居住,他就必须迁移。那些未经行会会长特别批准就干活的人,那些在规定时期内还找不到工作的人,境遇就更惨了,甚至会被投进监狱。新来的帮工绝对不准在私人家里停留,若被发现,就会被当作无赖汉。他们应该去找值班师傅安排工作,若不同意指派的工作或者要求暂时调换一下,就要被赶出这个城市。

像所有的行会一样,在裁缝行会里也有纠纷。由于行会规定了各种限制,这种纠纷主要是在享有特权的师傅和没有特权的师傅之间、在入会的和没有入会的裁缝和帮工之间发生的,也反映了帮工和未入会的手工业者同行会上层人物的专横、同各种限制性的行会规章的斗争。在各个行会之间,矛盾也时有发生。

这就是弗里德里希·列斯纳到达汉堡时所遇到的情况。许多年以后,列斯纳还会回想起这段时期:"那是行会的鼎盛时期,手工业者按技艺各自为政,而且经常互相敌对。"[①]"各行业之间重大的冲突是常有之事,有时形成全城

---

① 1904年3月24日《莱茵报》。

第一章　从魏特林的空想共产主义到科学共产主义

规模的械斗，彼此竟然动用刀子和其他工具。"列斯纳还记得他在 1843 年在罗斯托克亲眼看到的那场裁缝行会和屠宰行会之间的械斗。①

整个德国手工业者的情况和汉堡手工业者的生活条件是大同小异的：同样是少数人发财和劳动群众的日益贫困，同样是行会的限制和封建残余的压迫，同样是痛苦难熬的工作日和难以忍受的生活条件。好多年以后，列斯纳写了这样一段回忆："当时逐渐兴起的手工业行会正处于繁荣时期，那时学徒们的娱乐已达到相当水平。他们在一起的话题总是：在哪个舞厅跳过舞，同哪个姑娘玩最有意思，喝了多少瓶啤酒，等等。最后，他们常常互相扭打，每个人都想显示比别人更会吹牛。至于当时的政治局势、经济状况和宗教等，在他们的脑海里是一片混乱。他们喋喋不休地谈论道听途说的消息，而自己对这些消息的真伪也一无所知，谁也不愿多想。必须有一股强大的道德力量才能改变这种局面，人们才能进行自我教育，找出产生这种贫困的原因，为改变这种局面而斗争。"②

---

① 列斯纳《生平札记》。
② 列斯纳《在〈共产党宣言〉问世的日子里》，载《社会主义者月刊》（柏林）1897 年第 10 期第 560 页。

在当时德国这个封建专制的国家里，资本主义开始有所发展，有了工厂、矿井和铁路。当然这一切比英国和法国的发展要慢得多，因为德国的政治分裂状态和封建残余妨碍了资本主义的自由发展。工业革命的进程，手工业和工场手工业向使用机器生产的资本主义工业的过渡，必然使劳动人民日益贫困，小手工业者和小商贩濒临破产，工人遭受痛苦和残酷的剥削。但是，机器生产的发展能团结劳动群众，有助于手工业者克服小资产阶级心理，可以提高他们的阶级觉悟，促使劳动人民去争取解放。

国内的局势在19世纪40年代是相当紧张的。1844年西里西亚纺织工人的起义鼓舞了整个德国的劳动群众，激发了革命热情。关于这段时期的德国，列宁写道："大家竞相参加政治活动，大家充满了反政府的愤懑情绪。"[①] 在德国，革命已经成熟了。

这就是德国这段时期的局势，列斯纳这位德国工人阶级的先进代表人物的世界观也是在这段时期形成的。

---

① 《列宁全集》中文第二版增订版第24卷第281页。

第一章 从魏特林的空想共产主义到科学共产主义

学习政治斗争的第一所学校

列斯纳参加了汉堡工人教育协会,这对于他的政治观点的形成起了重大的作用。这个协会是仿照1840年成立的伦敦德意志工人教育协会,于1845年建立的。

这时在德国有许多公开的教育协会、歌咏团体、体操联合会以及其他一些团体。秘密的正义者同盟就在这些团体中展开合法的活动,利用这些团体作为培养新盟员和宣传同盟思想的学校。

1836—1837年成立的正义者同盟,团结了流亡英国、法国的德国工人。同盟的领导人有卡尔·沙佩尔、约·莫尔、亨·鲍威尔、海·艾韦贝克。

在正义者同盟活动初期,它的思想家是威廉·魏特林。此人对工人运动的早期发展起过积极作用,是瑞士正义者同盟支部和许多公开的工人教育协会的组织者。他在这些协会里宣传平均共产主义的思想。受同盟的委托,他写了《现实的人类和理想的人类》,这本小册子成了同盟的第一份纲领性文件。

在魏特林的主要著作《和谐与自由的保证》中,集中了他的学说的全部精华。他大胆地、毫不留情地批判资

产阶级制度,指出私有制是社会罪恶的主要根源,还批判了资产阶级的道德和拜金主义。这本书文笔生动,浅显易懂,在德国手工业者中,凡是得到这本书的人,无不交口赞誉。

魏特林的文章得到马克思的高度评价,马克思写道:"在资产阶级及其哲学家和科学家那里,有哪一部论述资产阶级解放(政治解放)的著作能和魏特林的《和谐与自由的保证》一书媲美呢?只要把德国的政治论著中的那种俗不可耐、畏首畏尾的平庸气拿来和德国工人的这种史无前例的光辉灿烂的处女作比较一下,只要把无产阶级巨大的童鞋拿来和德国资产阶级的矮小的政治烂鞋比较一下,我们就能够预言,德国的灰姑娘将来必然长成一个大力士。"①

约阿希姆·弗里德里希·马尔滕斯是汉堡正义者同盟的组织者,也是当地工人教育协会的创始人。像那些手工帮工一样,他也曾在各地漫游,最后到了瑞士和法国,成了秘密的流亡者联盟(后来是正义者同盟)的积极盟员。1837年,马尔滕斯同到达巴黎的威廉·魏特林关系很密

---

① 《马克思恩格斯全集》第1卷第483页。

第一章　从魏特林的空想共产主义到科学共产主义

切，并成了他的忠实热忱的信徒。由于在汉堡无法定居，马尔滕斯又到了伦敦。他在伦敦才知道，伦敦德意志工人共产主义教育协会和当地正义者同盟各支部的活动。

1844年，马尔滕斯回到汉堡。①这时，被赶出普鲁士的魏特林正路过汉堡到英国去。警察当局只允许魏特林在汉堡停留六天。同这个城市的接触，为期尽管如此短暂，但他对为数不少的先进工人和手工业者起了重大的影响，促使他们建立了正义者同盟支部。②

这一年，在马尔滕斯组织的正义者同盟支部中，约有12名共产主义者，其中有织工雅科布·奥多尔夫、木匠勒梅、裁缝威廉·提茨、排字工人卡尔·雷泽等人。支部的成员都受了魏特林空想共产主义的影响。1845年1月，这个支部组成汉堡工人教育协会。

前面已经说过，列斯纳是在1843年到达汉堡的。他在这个城市住了三年，在一家相当大的作坊里跟随弗洛尔师傅和舒尔采师傅做活。

1845年，列斯纳应该去服兵役，但是他害了一场病，

---

① 亨·劳芬堡《汉堡工人运动史》1911年汉堡版第93页。
② 奥多尔夫《一个汉堡老人的见闻》，载1886年11月7日《市民报》第262号增刊。

正像他在回忆录中所写的,未能及时赶到魏玛去报到。当他1846年应征入伍时,当局要延长他的服役期作为对他破坏纪律的处罚,也就是说,要他过十年的兵营生活。然而,他被批准到1847年春天再去服役,因而他又回到了汉堡。这段时期对他的世界观的形成起了决定作用。在作坊里,他同以前在瑞士、巴黎、伦敦一起作活的伙伴们成了好朋友。他们在作坊里知道了共产主义思想,并且成了共产主义思想的狂热的拥护者。列斯纳写道:"我的同行急忙向我介绍共产主义的福音。"[1]这里他所指的是魏特林的学说。1846年11月,列斯纳出席汉堡教育协会的会议,不久就被接纳为会员。他在回忆录中写道:"我从专制政体的士兵变成了一名革命的士兵。"[2]

协会的宗旨是反对宗教黑暗势力,反对伪善,因为有人曾利用以前汉堡的一个歌咏团体(它在最落后的帮工中征集了许多拥护者)来散布这些东西。

协会的纲领宣布"尽可能进行多方面的教育,追求美

---

[1] 列斯纳《一八四八年前后》,载《德意志言论》1898年第3册第99—100页。
[2] 列斯纳《一八四八年前后》,载《德意志言论》1898年第3册第99页。

第一章 从魏特林的空想共产主义到科学共产主义

好事物"①,而且缴纳会费的数目也不大,因此会员人数急剧增加。在举行了三次公开会议以后,会员人数增加到72人,到第二个月月底,就已经有200人了。1846年底,协会共有会员452人,其中最多的是细木工(197人),其次是裁缝(32人)、旋工(22人)、钳工(17人)、泥瓦工(14人)以及51种行业的代表3~5人。

每天晚上,协会会员上课、听报告,学化学、物理、历史和外国语文,还有绘画和唱歌。在1846年曾开设这样一些课程,例如普通化学、自然地理、物理、德国古代史、近代政治史、什列斯维希和霍耳施坦史、自然科学。协会的会员有计划地练习演讲技巧,以便能更好地表达自己的思想。协会还举办一些讨论会,讨论的题目有:什么是贵族政体?什么是民主?什么是社会主义?什么是共产主义?如何摆脱贫困?公民有哪些自由?政治是否该禁止?常备军是否必需?出版物对谁最有利?法律与义务的区别何在?诸如此类。②

汉堡工人教育协会实际上是列斯纳的第一所政治学

---

① 1846年4月18日《特利尔日报》。
② 阿德勒《德国第一次社会主义工人运动史》1885年布雷斯劳版第128—129页。

校。他在这里第一次看到了政治书籍，第一次考虑了劳动者的处境和命运。他积极参加协会的工作，如饥似渴地汲取新的思想和政治观点。他写道："每天晚上我准时地参加我很感兴趣的讨论，……讨论的中心主要是共产主义问题，歌咏组唱的都是激进自由派的曲子。"①

正义者同盟汉堡支部的领导人马尔滕斯，也积极参加这些讨论，他是一名出色的鼓动家。列斯纳写道："再没有一个人能比他更善于向听众灌输共产主义思想了，他口齿清楚，每句话都说到我们工人、被压迫被剥削者的心坎上，唤醒了新的希望和感情。"②

汉堡工人教育协会有图书馆，还有一个阅览室。图书馆订了17种杂志，其中有7份技术方面的杂志，1份文学杂志，9份政治性刊物。协会还出版了一份报纸，即1845年10月4日开始发行的周报《工人小报》。在第一期的社论《告读者》中，编辑部用以下这段话表明它的政治路线："本报的版面首先应该反映一切阶层中真诚坦率、清白

---

① 列斯纳《一八四八年前后》，载《德意志言论》1898年第3册第100页。

② 列斯纳《一八四八年前后》，载《德意志言论》1898年第3册第100页。

第一章　从魏特林的空想共产主义到科学共产主义

纯朴的德国人的公民道德，反映对自由、人权、平等和正义的崇高感情。"①

从这段话中我们可以明显地看到"真正的"社会主义者的那种模糊不清、咬文嚼字的文风。

报纸在最初几期，连载了一篇冗长的论文，文章的作者试图解释什么是共产主义，想用通俗的形式向读者介绍圣西门、傅立叶的生平和思想。

作者在结束他的长篇大论时，阐述了他所理解的共产主义的真正目的，这就是：追求精神自由和言论自由，人人都受教育，得到精神和肉体的享乐，凭劳动有权分享工业和工艺的收益，逐渐改善穷人的处境。②就在这一期上，编者还写了一段话，意在提醒读者谨防那种主张强制变革的"极端"共产主义的学说。编者还鼓吹基督教的博爱思想，在以后出的报纸上，有一期曾这样写道："纯粹共产主义不过是早期基督教公社所实行的仁慈、博爱。"③这里显然流露出魏特林对早期基督教的迷恋，他以为这就是被压迫阶级的革命运动。除了宣传魏特林主义，宣传"真正的

---

① 1845年10月4日《工人小报》。
② 1845年10月18日《工人小报》。
③ 1845年11月15日《工人小报》。

社会主义者"的思想,有一期报纸还刊登了一篇详细的书评,高度评价恩格斯的《英国工人阶级状况》一书。报纸写道:"这部著作十分赞扬德国人的勇敢、德国人的认真和坦率。"①

这份报纸在表达民主意志时,也相当尖锐地批评了书报检察机关。在一篇题为《白色的伤口》的短文中写道:"亲爱的工人们,如果你在一些政治报纸上经常看到空白的地方,甚至整版的遗漏,请不要以为编者不能填满报纸的篇幅。这些白色的伤口是书报检察机关造成的,它专横地利用自己的权力,删掉了全部公正的、自由的思想。这些空白之处永远是值得尊重的……读者应当尽量提出抗议,请你们努力使我们不再受这种管束,就像法国和英国已经做到的那样。只有读者和作者之间团结一致,才能有助于实现这一点。"②

不久,这份报纸就成了书报检察机关的牺牲品,在第八期以后,它完全变成了资产阶级美学流派的文艺小报。汉堡工人教育协会想出版自己的机关报的美梦就这样破灭了。后来列斯纳写道:"汉堡工人教育协会至多也不过是

---

① 1845年11月22日《工人小报》。
② 1845年11月8日《工人小报》。

第一章　从魏特林的空想共产主义到科学共产主义

一个革命思想的文化中心。当然，19世纪40年代的革命思想无非也就是力求德国的统一和自由，成立共和国，实现各族人民的团结。自由思想、宗教问题、共产主义，所有这一切都混在一起，形成一些非常模糊、极不明确的理想。这是一个只有少数人才能清醒认识的纷扰时期。"①

马尔滕斯在正义者同盟汉堡支部里宣传魏特林思想，这时，在社会上宣传"真正的社会主义"思想的是席尔格斯博士。

席尔格斯受过高等教育，研究过法学和自然科学。他长期住在巴黎，也到过意大利和英国。1846年他到了汉堡。有两年的时间，他为手工业者出版《工场》杂志，后来成了资产阶级激进派报纸《德意志电讯》的编辑，站在小资产阶级立场上批判资产阶级制度，不分阶级而用甜言蜜语空谈人们之间的普遍和平、普遍的爱，——这就是"真正的社会主义"的立场，用马克思和恩格斯的话来说，它"直接代表了一种反动的利益，即德国小市民的利益"②。它温情地空谈人类幸福，引诱工人脱离革命斗争。

---

① 列斯纳《一八四八年前后》，载《德意志言论》1898年第3册第100页。
② 《马克思恩格斯文集》第2卷第497页。

席尔格斯认为,消灭贫富之间的矛盾和不平等的主要手段是教育。他在汉堡工人教育协会成立三周年庆祝大会上的一篇演说中说:"教育是一切不公正、一切矛盾和偏见的大敌"①。这种唯心主义观点是"真正的社会主义"代表人物的特点,他们完全不理解为什么在资产阶级社会里会有阶级矛盾和阶级斗争。至于共产主义,席尔格斯认为,它"限制人的个人自由,如果没有个人自由,就不可能有各族人民的真正自由"②。汉堡工人教育协会纲领中的这些词句,显然是从"真正的社会主义者"那里搬来的。"真正的社会主义"对汉堡工人协会的思想影响,一直延续到1848年革命初期,阻碍了正义者同盟地方支部成员的政治发展。

在列斯纳参加协会时,魏特林的平均共产主义对协会有很大的影响。用列斯纳的话来说,那些显然没有无产阶级阶级觉悟的手工业者认为,魏特林是"一个代表未来的人物,他在我们中间享有无限的声誉。在我们的心目中,他是一尊偶像"③。

---

① 亨·劳芬堡《汉堡工人运动史》1911年汉堡版第96—97页。
② 1845年2月26日《新汉堡报》。
③ 列斯纳《一八四八年前后》,载《德意志言论》1898年第3册第100页。

第一章　从魏特林的空想共产主义到科学共产主义

列斯纳阅读的第一本政治书籍就是魏特林的《和谐与自由的保证》。列斯纳写道："这本书当时在工人中间非常流行，竞相传阅……我读了一遍、两遍、三遍……于是我开始意识到，这个世界是可能变成另一种样子的。我早就不满意我的命运，哪一个工人能满意呢？可是，《和谐与自由的保证》这本书理所当然地使人感到这种不满。对现存制度的尖锐批判，革新了我的思想和感情，我好像完全变成另一个人了。过去我一有空就吃喝玩乐，不考虑自己的处境，如今，我把这种作风全部抛弃了。现在，在我身上唯一的感情就是必须为美好的社会制度而斗争。"①

魏特林的这本书帮助列斯纳和许多手工业者清醒地认识到，个人的苦难只不过是工人阶级一般状况的反映，这本书培养了他们对现存制度的批判态度。许多年以后，列斯纳写道："1846年，当我还是一个年轻的帮工裁缝的时候，在汉堡第一次听到了共产主义者的演说，后来又读了魏特林的《和谐与自由的保证》。那时我以为几年以后共产主义就会成为现实。如果当时有人对我说，再过五十年，我们还将在资本主义统治下生活，我一定会把他称作

---

① 列斯纳《一八四八年前后》，载《德意志言论》1898年第3册第100页。

傻瓜。共产主义思想的最初闪光,使我目眩眼花了。"① 列斯纳知道他的生活使命何在,他应该把他一生献给什么事业。他写道:"所以,1846—1847年的冬天是我一生最重要的转折点。我没有到魏玛兵营去,1847年4月1日,我乘上一艘开往英国的汽船。那时我感觉到是在同大陆上的一切往事诀别,要到英国去开始新的生活了,我决心把今后的一生献给人类的解放事业。"②

在 英 国

列斯纳带着马尔滕斯写给伦敦德意志工人教育协会领导人的介绍信,于1847年4月初到了伦敦。

19世纪40年代的英国,经济蓬勃发展。冶金、采煤、机器生产和纺织工业,已有相当的成就。这时生产技术的发展日新月异,冶金业采用各种新方法,各个生产部门都在进行技术革新。铁路在全国土地上密如蛛网;水网纵横交错,大型商船把英国货物运往世界各地。1845年,恩格斯曾这样描写过英国:"现在它和其他任何国家都不一

---

① 列斯纳《一八四八年前后》,载《德意志言论》1898年第3册第98页。

② 列斯纳《一八四八年前后》,载《德意志言论》1898年第3册第102页。

第一章 从魏特林的空想共产主义到科学共产主义

样了：有居民达250万人的首都，有巨大的工厂城市，有向全世界供给产品而且几乎全都是用极复杂的机器生产的工业，有勤劳明智的稠密的人口，这些人口有三分之二从事工业……"①

资本主义迅速发展，同时也暴露了资产阶级进步的消极方面：失业、贫困、惊人的剥削、殖民压迫和经济危机。赤贫和巨富之间的对比尤其令人发指：那里有人数众多的工人阶级，其中还有女工和童工，他们在习艺所里每天要劳动18个小时，还免不了因传染病和饥饿而死亡。

列斯纳到伦敦的时候，英国正处在危机（它是在1847年秋天爆发的）的边缘。危机加剧了阶级斗争，推动了工人运动。和德国不一样，英国当时有一个争取无产阶级政治权利的工人组织——宪章派。用列宁的话来说，这是"第一次广泛的、真正群众性的、政治上已经成型的无产阶级革命运动"②。但是，宪章派的领袖们对无产阶级斗争的最终目的认识不清，他们不懂社会主义的理论，没有正确的革命策略。当然，以朱利安·哈尼和厄内斯特·琼斯为首的宪章派左翼，当时已转向社会主义，也有

---

① 《马克思恩格斯文集》第1卷第402页。
② 《列宁全集》中文第二版增订版第36卷第292页。

不少民主主义的思想。他们已经看出各国工人运动和社会主义运动必须互相配合。哈尼、琼斯及其追随者，同伦敦正义者同盟的领袖即领导伦敦教育协会的莫尔、沙佩尔、鲍威尔保持紧密的联系。对这些早期的无产阶级革命家，列斯纳后来有这样一段描写："沙佩尔是一个感情胜过理智的共产主义者……亨利希·鲍威尔是一个鞋匠，身材矮小，机灵而果断。钟表匠约瑟夫·莫尔诞生于科隆，中等身材，长得很结实，以机智勇敢而有魄力见称。为了无产阶级的利益，他赴汤蹈火，在所不辞。"[①] 马尔滕斯给这些人都写了信。

伦敦德意志工人共产主义教育协会的领导人，友好地接见了列斯纳，帮助他找到一份职业。列斯纳有了工作，就按时参加伦敦德意志工人教育协会的会议。不久，他成了协会的会员，后来又成为正义者同盟盟员。

在伦敦正义者同盟领导下的伦敦德意志工人教育协会，与汉堡工人教育协会截然不同。这是因为英国和德国的经济条件不一样。英国工人运动的主角早已不是半无产者的手工业者，而是产业工人。在英国，资产阶级和无产

---

① 列斯纳《一八四八年前后》，载《人间的普罗米修斯》人民出版社1983年版第3—4页。

第一章 从魏特林的空想共产主义到科学共产主义

阶级之间尖锐的阶级矛盾非常明显。那里已经有了英国无产阶级的政治组织——宪章派,它的斗争影响着伦敦正义者同盟的主要领导人,更重要的是那里已经受到了马克思和恩格斯的科学共产主义思想的影响。

到了1847年,这个协会已有500多个会员,像正义者同盟各支部一样,已具有国际性质。会员中有德国人、斯堪的那维亚人、匈牙利人、波兰人、俄国人、意大利人、瑞士人、比利时人、法国人、英国人。协会同1845年在伦敦成立的革命民主主义团体"民主派兄弟协会",同英国的宪章主义者都有联系。

协会举办的政治讨论也比在汉堡更尖锐、更自由。讨论的问题有:工人目前的状况,他们对资产阶级的态度,现代社会中工人与师傅的关系,他们彼此的权利与义务,等等。[1]

在伦敦,列斯纳第一次听人说到马克思和恩格斯。[2]

这时,马克思和恩格斯已经有了科学共产主义的基本论点,他们制定革命的理论,在最先进的工人中宣传新的

---

[1] 参见《共产主义者同盟——第一国际的先驱》1964年俄文版第89—90页。

[2] 列斯纳《一个工人对弗里德里希·恩格斯的回忆》,载《智慧的明灯》人民出版社1983年版第1—2页。

思想，千方百计地同当时的德国工人运动，同各国的工人运动建立联系，以便帮助他们掌握科学社会主义的理论。

1846年初，布鲁塞尔通讯委员会成立了，它同各国的共产主义小组和革命小组建立了联系。这些通讯联系为后来建立共产主义者同盟地方组织准备了基础。

马克思和恩格斯在积极创建无产阶级政党的同时，克服了魏特林的宗派主义的，以及粗陋的平均主义的观点。魏特林是资本主义制度的控诉人，他的功绩是无可怀疑的。他在手工业者和工人中宣传共产主义学说，也起了不小的作用。但是，魏特林不懂社会发展的客观规律性，看不到无产阶级在推翻资产阶级制度的斗争中所起的作用，认为无产阶级不必参加政治斗争。他把革命看作是自然而然地爆发的，他认为有两万至四万个小偷、暴徒或游民就能完成革命了。魏特林的平均共产主义和他的密谋策略，越来越阻碍工人革命运动的发展。

从1844年10月起，马克思和恩格斯就同魏特林有了书信来往。1846年初，魏特林应他们的邀请，从伦敦到了布鲁塞尔。他们热情地接见他，让他加入布鲁塞尔通讯委员会。马克思和恩格斯花了很多时间和精力帮助魏特林领会科学世界观的原理，但是毫无成效。他们之间在理

第一章　从魏特林的空想共产主义到科学共产主义

论上的分歧，由于魏特林本人的品性而日趋复杂。恩格斯在《关于共产主义者同盟的历史》一文中也提到了这一点：魏特林到布鲁塞尔的时候，是"一个由于自己的优势而受忌妒者迫害的大人物，到处都觉得有竞争者、暗敌和陷阱；这个从一个国家被赶到另一个国家的预言家，口袋里装有一个能在地上建成天堂的现成药方，并且觉得每个人都在打算窃取他的这副药方"①。

同魏特林的冲突，在布鲁塞尔通讯委员会1846年3月30日的一次会议上终于公开了。在讨论如何通过出版物来宣传共产主义的问题时，他们发生了争吵：应该出版马克思和恩格斯的著作，还是按照魏特林的要求，出版他本人的著作？也就是说，宣传的重点应该是魏特林的空想的、宗派密谋的方法，还是马克思和恩格斯制定的革命理论和策略？

马克思和恩格斯尖锐地批判了魏特林的观点，这次会议以他们的彻底决裂而告终。

对"真正的社会主义者"的代表人物，马克思和恩格斯也严加批判，正义者同盟的巴黎各支部都不再相信"真正

---

① 《马克思恩格斯全集》第28卷第276页。

的社会主义",这对同盟的伦敦领导人也起了良好的影响。

年轻的裁缝帮工弗里德里希·列斯纳开始接触政治生活了。他在初到伦敦时,还受着魏特林空想共产主义思想的影响,狂热地崇拜它。他没有赶上1845年协会举行的那几次讨论,那时替魏特林辩护的克利盖已经遭到沙佩尔、普芬德、莫尔的尖锐批判。埃卡留斯、普芬德、莫尔和沙佩尔介绍列斯纳加入德意志工人教育协会,让他熟悉各种新的思潮。

在德意志工人教育协会里,列斯纳阅读《德意志—布鲁塞尔报》,这份报纸于1847—1848年在马克思和恩格斯的影响下,成了革命无产阶级的报纸,成了他们创建的共产党的机关报。

在共产主义者同盟的摇篮里

列斯纳到达伦敦,加入德意志工人教育协会,后来加入正义者同盟(以下简称"同盟"),这时正是同盟活动的转折时期。

1847年1月,伦敦正义者同盟的领导人派钟表匠约瑟夫·莫尔作为代表到布鲁塞尔去找马克思,到巴黎去找恩格斯,委托他劝说马克思和恩格斯加入同盟,参加同盟

第一章　从魏特林的空想共产主义到科学共产主义

的改组工作。

马克思和恩格斯接受了这个建议。他们和正义者同盟的领导人在一起讨论了同盟的改组问题，拟订了将要在1847年6月2—9日举行的第一次代表大会的议事日程。在同盟的这次代表大会上，恩格斯作为巴黎支部的代表，威廉·沃尔弗作为布鲁塞尔小组的代表，到了伦敦。马克思由于经济困难，未能动身，但是他对全部问题的看法，是同沃尔弗和恩格斯完全一致的。

弗里德里希·列斯纳没有参加代表大会。大会制定了以民主集中制原则为基础的新的同盟章程草案。草案交地方组织讨论，然后再由下次代表大会批准。

根据马克思和恩格斯的建议，代表大会通过了改变同盟名称的决议。从此以后，正义者同盟就被称作共产主义者同盟。"人人皆兄弟"这个曾反映空想主义思想的模糊不清的口号，被"全世界无产者，联合起来！"这个已经成为无产阶级国际主义象征的口号所代替。

代表大会决定开除魏特林及其党羽，这是马克思和恩格斯多年以来同宗派密谋主义斗争的结果。

从伦敦德意志工人教育协会的会议记录中可以看出，在1847年10月至11月之间，协会的多次会议都详细讨

论了这次代表大会的材料，尤其是同盟的纲领草案，即恩格斯写的《共产主义信条》。这些讨论会，列斯纳当然也参加了，对他的世界观的形成起了促进作用。

共产主义者同盟第一次代表大会的决议，对同盟的伦敦领导人和伦敦支部的工作起了显著的影响，增强了科学社会主义的作用。然而，许多观点还不完全一致。列斯纳这时也还不是一个共产主义者，他还需要弄清那些思想分歧究竟何在。对他影响最大的是恩格斯的《英国工人阶级状况》一书。列斯纳后来写道："这是我第一次得到的，也是使我最初接受工人运动这一概念的一本书。"[①] 列宁指出，在这本书中，恩格斯第一个说明了无产阶级是这样一个阶级，它的低贱的经济地位无可遏止地推动它去反对压迫者，去争取本身的解放。[②]

这本书中描绘的英国无产阶级的悲惨景象，可以说就是对资本主义和资产阶级的控诉状，这些描述给列斯纳留下难忘的印象，使他眼界大开。他写道："在伦敦，魏特林的影响越来越小，马克思和恩格斯的名字已居首位了。"[③]

---

① 列斯纳《一个工人对弗里德里希·恩格斯的回忆》，载《智慧的明灯》第2页。
② 参见《列宁全集》中文第二版增订版第2卷第79页。
③ 列斯纳《一八四八年前后》，载《人间的普罗米修斯》第4页。

第一章　从魏特林的空想共产主义到科学共产主义

第一次会见马克思和恩格斯

列斯纳第一次见到马克思和恩格斯是在1847年11月29日至12月8日举行的共产主义者同盟第二次代表大会期间。这次会见使列斯纳彻底转变了世界观。

共产主义者同盟第二次代表大会,实际上是"无产阶级的第一次国际性代表大会"①。出席大会的有来自瑞士、法国、比利时、德国和英国的代表。马克思和比利时社会主义者特德斯科是比利时同盟支部的代表,恩格斯是巴黎支部的代表。十年以后,列斯纳还写了这样一段回忆:"马克思、恩格斯和威·沃尔弗等人出席大会,这无论对共产主义教育协会会员,还是对共产主义者同盟盟员,都有极大的影响。人们对那一次的代表大会寄予了莫大的期望,而这种期望不仅没有被辜负,还获得了出乎意料的满足。《共产党宣言》的出现就是一个明证。它是那次具有历史意义的代表大会的伟大成果。"②

列斯纳在一篇文章中评论了五十年前的事,详细地回顾了1847年12月的气氛:"当时同盟盟员不安和期待的

---

① 《马克思恩格斯全集》第25卷第266页。
② 列斯纳《一个工人对弗里德里希·恩格斯的回忆》,载《智慧的明灯》第2—3页。

心情实在难以用笔墨形容,今天的党员同志恐怕也是不能理解的。由于马克思和恩格斯的出席,才使最重要的事情有了保证。美好的希望使所有关心工人运动的人都振奋了。当时确实只有个别人真正了解政治情况,少数人真正了解经济情况。这是时代环境所决定的。那时,各种见解也像文学那样,主要是以到处起作用的空想主义观点为基础的。因为这种观点不但容易理解、十分动听,而且又是以即将实现的希望为依据的,所以,人们特别是工人乐于接受。人们一想到五十年前的生产情况那么落后,对此就很容易理解了。人们在年轻又富有热情的时候,总把一切事看得比实际容易得多。要是把种种情况衡量一番,那会发现还有许多困难。我们今天的生产方式,在五十年中已经经历了巨大的革命,然而这一点,在当时是不能预料的。"[1]

同盟第二次代表大会的主要任务是讨论纲领。经过十天的讨论,通过了马克思和恩格斯按科学共产主义原则提出的纲领草案。这个原则的胜利是马克思长期不懈地同各种伪社会主义思潮和学派斗争的结果,是他们同他们的拥

---

[1] 列斯纳《在〈共产党宣言〉问世的日子里》,载《社会主义者月刊》1897年第10期第557页。

第一章　从魏特林的空想共产主义到科学共产主义

护者在许多支部中进行紧张的宣传工作的光辉总结。

列斯纳同马克思、恩格斯的这次会见，给他留下了不可磨灭的印象，他终生铭记在心。他写道："我一见到马克思，我就感到这个怪人是很了不起的，我全身充满一种信任感，相信工人运动有这样的领袖来领导是必胜无疑的。"①

在19世纪40年代，有许多人几笔就能勾画出马克思和恩格斯的相貌和风采，列斯纳就是其中之一。他写道：

"马克思当时还很年轻，大约28岁，中等个子，肩膀宽阔，身材结实。他有一头浓密的黑发，黑色胡须又宽又密，面色红润，他有一双似乎能看透别人的眼睛和又高又宽的前额。他动作敏捷灵活，精力充沛。他的口型使人感到他有巨大的意志力。他的话简短、明了、充满信心……他性格倔强，但又和蔼可亲，心地善良……他能吸引周围人的注意力，一说到重大的问题，他就严肃认真。对工人的仇敌，他冷嘲热讽；对虚假的朋友，他毫不宽宥。每次同他谈话，都可以学到一些新的东西，他在各个方面的知识是非常渊博的。

---

① 列斯纳《马克思和恩格斯在1847年伦敦共产主义者同盟中给我的印象》。

"这时的恩格斯大约26岁,身高六英尺,体格匀称,头发和胡须都是淡黄色的。他活泼好动,说话很快,他有自己的见解,表达意见时简短而清晰。他办事非常认真,辩论起来谁也不是他的对手。他彬彬有礼,殷勤好客,他的知识也是很丰富的。"[1]

身受重托

1848年1月底,要把《共产党宣言》的最后定稿送到伦敦去排印。弗里德里希·列斯纳一想到这件事就很自豪。原来他荣幸地为这份开辟历史新纪元的文件的发表出了一把力。他负责安排印刷所的排印工作,把清样送给卡尔·沙佩尔去校对。他挑选了伦敦的一家小印刷所,它的老板是共产主义者同盟盟员、德国流亡者布尔格哈德。2月底,《共产党宣言》就问世了。

恩格斯在《共产党宣言》1890年德文版的序言中写道:在《宣言》出现的时候,"曾受到当时人数尚少的科学社会主义先锋队的热烈欢迎"[2]。这件事的影响是巨大

---

[1] 列斯纳《马克思和恩格斯在1847年伦敦共产主义者同盟中给我的印象》。

[2] 《马克思恩格斯全集》第29卷第71页。

第一章　从魏特林的空想共产主义到科学共产主义

的,1848年2月7日伦敦德意志工人教育协会成立八周年庆祝大会上的那些发言就是明证。《宣言》尚未装订成册,沙佩尔已经看过了校样,从他的发言中可以清楚地看出这份文件他已经读了好几遍了。在这个有三百多人的、充满节日气氛的大厅里,沙佩尔说,资产阶级决不会主动放弃自己的特权,无产阶级解放的唯一道路就是革命,而革命的目的就是消灭阶级和私有制。这是以后的事,迄今为止,一切政治革命的"目的只不过是赶走昔日的统治阶级,再换上一批新的暴君;可是,我们希望不再有压迫者和被压迫者……我们不想为谁取得特权,我们只想不使任何人发财,也不使任何人挨饿……打倒阶级差别的界限,打倒私有制!人人都有同样的权利,人人都有同样的劳动义务。不劳动者不得食"①。

全体与会者,其中包括列斯纳,热烈鼓掌欢迎沙佩尔的演讲。列斯纳朗读了他专门为这件事而写的诗句。他还不能准确地表达他的思想,只是初步弄清了沙佩尔、亨·鲍威尔和协会其他领导人发言中所包含的新东西。他像许多人一样,也是在后来才懂得《共产党宣言》的世界

---

① 参见列维奥娃《卡尔·沙佩尔》,载《马克思恩格斯和第一批无产阶级革命家》。

历史意义的。他在谈到《宣言》发表五十周年时有这样一句话:"在这本薄薄的小册子里所能找到的逻辑和事实,比在许多大部头的世界史里所能找到的还要多。"①

列斯纳后来回忆他这一段的生活,他说,认识了马克思、恩格斯和他们的学说,读了他们的著作,他才很快地转到马克思主义的立场上。他写道:"当我在1847年听到马克思的演说、读懂了《共产党宣言》之后,我才明白,仅凭个人的热情和善良的意志是不足以改造人类社会的。当我知道经济发展是人类历史的决定因素时,我立刻心明眼亮了。我抛弃了狂热和幻想,明确了目的,获得了知识。"②

这样,到了1847年底,列斯纳开始掌握了马克思和恩格斯的革命学说的要领。"我对魏特林时期的共产主义和《共产党宣言》的共产主义之间的差别了解得越深刻,就越明确地感到马克思是成熟的社会主义思想的代表。"③ "在40年代后期的革命风暴的岁月,我已经是一个共产主义者,一个为争取生产资料公有化和全人类的兄弟

---

① 列斯纳《〈共产党宣言〉发表五十周年》。
② 列斯纳《一八四八年前后》,载《人间的普罗米修斯》第2页。
③ 列斯纳《一八四八年前后》,载《人间的普罗米修斯》第7页。

第一章 从魏特林的空想共产主义到科学共产主义

合作而热心奋斗的战士。"①

列斯纳在世界观上已经完成了向科学共产主义的转变,他选择了革命者的道路,毕生誓不更改,终于成为马克思和恩格斯最忠诚的学生和追随者。

当建立无产阶级革命政党的第一步斗争已经结束时,列斯纳转变了世界观,这也是科学共产主义思想影响的必然结果。这个时期最重要的事件,就是从组织上巩固了共产主义者同盟,它是革命无产阶级政党的幼芽,已经为国际无产阶级运动培养了不少领导人才;此外,就是制定了一个战斗纲领,这就是至今仍有重大意义的《共产党宣言》。

---

① 列斯纳《一八四八年前后》,载《人间的普罗米修斯》第91页。

第二章
"把毕生献给人类的解放"

第二章 "把毕生献给人类的解放"

革命初期

1848年2月24日,巴黎的劳动者在巴士底广场推翻了可恶的路易·菲利浦的王位,宣布共和国成立。他们的胜利欢呼使伦敦的共产主义者特别兴高采烈。列斯纳写道:"这个消息使我们如此振奋,真是无法形容。我们陶醉于欢欣鼓舞之中。"人们把希望的眼光投向布鲁塞尔,因为马克思和恩格斯就在那里。列斯纳说:"那时我们只有一种思想、一种感情:把毕生献给人类的解放。"①

法国的二月事件,波及了欧洲的许多国家。3月13日,维也纳的起义人民迫使梅特涅辞职,改组政府,实施新的宪法。

3月18日,经过流血的街垒战斗而获胜的柏林人民,强迫吓破胆的弗里德里希·威廉四世走上阳台,对革命战士的尸体脱帽行礼。

法国的二月革命、普鲁士和奥地利的三月革命,标志着西欧各国资产阶级民主革命和人民解放运动的开端。

这时,无产阶级作为一支独立的革命力量,登上了

---

① 列斯纳《一八四八年前后》,载《人间的普罗米修斯》第8页。

政治斗争的舞台，不仅封建君主闻风丧胆，资产阶级也受到了威胁。无产阶级的新的斗争条件、阶级力量的新的布局，向无产阶级政党提出了重大而复杂的任务。

在英国"也闹起来了"

巴黎的二月革命，使英国的宪章运动再度兴起。在巴黎革命后大约过了几天，英国各大城市（伦敦、布莱得福特、利物浦、北明翰、斯托克波尔特）从1848年3月到5月，纷纷举行集会游行。①

在伦敦的一个裁缝作坊里做活的列斯纳，同一些共产主义者同盟盟员积极参加了宪章派左翼的活动。2月28日，他在伦敦参加了民主派兄弟协会在德鲁里街举行的一次群众大会。大会主席向与会者说："法国最近发生的革命，不但是法国人民而且也是全世界人民的一件大事。咱们英国人必须以法国工人为榜样，才能争取自己的自由！"②列斯纳在伦敦参加了宪章派在2月28日、29日和3月2日举行的几次大会，会上通过了《告法国人民书》，

---

① 库宁娜《卡尔·马克思和英国工人运动》1968年俄文版第34—35页。

② 1848年3月4日《北极星报》。

第二章 "把毕生献给人类的解放"

其中有这样几句话:"……你们的胜利消息,像隆隆的雷声,滚过海峡,激起了所有热爱自由的人的同情和希望。你们为人类光荣地效力,谨向你们表示祝贺和感谢。你们英勇无畏,激昂慷慨,忠于原则,使神圣的起义权利——被压迫者的最后手段,对付压迫者的最后的论据——变得无比高尚。"①

列斯纳在伦敦工人教育协会认识的厄内斯特·琼斯,经常在这些会议上发表讲话。据列斯纳的回忆:"琼斯个子不高,但长得很结实。他那端正、严肃、刚毅的面貌令人一望而知是一位坚决果断、无所畏惧的人民领袖。他精通德文,是当时少数懂得社会主义并宣传社会主义的宪章派领袖之一。"②琼斯的演说明确有力,号召人民去斗争,给列斯纳留下了强烈印象。琼斯在1848年2月28日的一次群众大会上说:"法国革命席卷欧洲……君主制的时代已经过去,共和国的时代已经到来。这朵鲜花不顾英国克伦威尔和汉普顿时代的寒冷气候,终于绽开了。"③

3月13日,在伦敦肯辛顿公园,宪章派举行了有2

---

① 1848年3月4日《北极星报》。
② 列斯纳《一八四八年前后》,载《人间的普罗米修斯》第9页。
③ 1848年3月4日《北极星报》。

万人参加的大型集会。① "推翻内阁,解散议会,颁布宪章——我们决不让步!"②这就是琼斯在大会上提出的宪章派的政治要求。

全国人心激昂,群情振奋,同警察的冲突时有发生。1848年3月9日,恩格斯在给马克思的信中写道:"在英国也闹起来了,更好!"③

在伦敦工人教育协会里,人们议论不休,谈论法国人的革命、德国的革命前景以及当时的大事。许多人说,法国能做到的事,在德国也应该立即办到。诗人格奥尔格·海尔维格和《德意志—布鲁塞尔报》的前编辑阿·伯恩施太德,从德国流亡者中组织了一些"志愿军团",在他们的帮助下,在德国号召成立共和国。列斯纳写道:"我们大家都准备回到德国,奔赴战场。"④伦敦工人教育协会在3月28日举行了一次会议,一致决定签名募捐,携带武器弹药,奔赴巴黎,再从巴黎会同其余的"志愿军团"直返德国。

---

① 1848年3月18日《北极星报》。
② 列斯纳《一八四八年前后》,载《人间的普罗米修斯》第9页。
③ 《马克思恩格斯全集》第48卷第7页。
④ 列斯纳《一八四八年前后》,载《人间的普罗米修斯》第10页。

第二章 "把毕生献给人类的解放"

法国革命的豪迈热情影响了共产主义者同盟的许多盟员。坚决反对把革命当儿戏的马克思和恩格斯,终于说服大多数同盟盟员不要相信这种有害无益的主张。在马克思和恩格斯的影响下,同盟领导人想方设法帮助德国工人火速回到祖国,为革命做些事。伦敦工人教育协会还专门成立一个委员会安排德国工人返回德国。

回归祖国,对列斯纳来说,竟成了一个难题,因为他没有路费,而且当时他又退役了。他一旦回到德国,就会被逮捕。因此,在革命的最初几个月,他还留在伦敦,同埃卡留斯、鲍威尔以及其他一些同盟盟员一起参加了宪章运动。

1848年4月10日

4月初,宪章派的领导人召开宪章派公会,起草了一份新的请愿书,决定在4月10日举行游行,请愿书应由游行的人递交议会。左翼领导人希望游行成为革命的信号。当时,奥康瑙尔左右摇摆,举棋不定;可是,哈尼、琼斯、雷诺坚决主张大干一场,他们认为,只要议会拒不接受请愿书,宪章派公会就亲自管理国家。这当然免不了一场武装起义。

伦敦共产主义者同盟盟员同宪章派的革命领袖有密切的联系,也知道他们的行动计划。

根据伦敦同盟区部的决定,同盟盟员,包括列斯纳,应该积极参加游行示威。

政府禁止这次游行。伦敦的四郊集结了由威灵顿公爵指挥的50万大军。几千名警察(这是由害怕革命的资产阶级、手工业者和商人志愿组成的)走上了街头。

列斯纳写道:"4月10日早晨,伦敦出现了一种奇特的情景,所有工厂、商店都关了门。伦敦的资产者们拿起武器来维持'秩序'。"[①] 列斯纳和埃卡留斯以及一些同盟盟员,随着游行队伍走到肯辛顿公园,准备从那里再到议会去。他写道:"我们用各种武器装备起来。我清楚地记得格奥尔格·埃卡留斯的那一副滑稽相,他拿出一把闪闪发光的、锋利的缝纫大剪刀给我看,说他打算在警察进攻时就用这把剪刀自卫。"[②]

参加游行的人斗志昂扬,最后还是失望了。至于群众的情绪,列斯纳有这样一段记述:"我们突然听说组织这次示威的菲格斯·奥康瑙尔不主张结队游行,要大家解

---

① 列斯纳《一八四八年前后》,载《人间的普罗米修斯》第9页。
② 列斯纳《一八四八年前后》,载《人间的普罗米修斯》第10页。

第二章 "把毕生献给人类的解放"

散,因为政府准备用武器对付我们。不少人听从了他的劝说,但是其余的人仍勇往直前,结果宪章主义者同警察之间发生了流血冲突。既然游行群众的团结已因奥康瑙尔的失策而动摇,自然也就不可能获得成功……我们万分失望地离开了这个广场,而一小时以前我们来的时候还是满怀希望的。"①

4月10日的示威早就注定是要失败的。很久以后,恩格斯在1885年写道:"1848年的法国革命拯救了英国资产阶级。胜利的法国工人的社会主义口号吓倒了英国小资产阶级,瓦解了比较狭小然而比较注重眼前实际的英国工人阶级运动。正当宪章运动应该显示全部力量的时候,却在1848年4月10日外部崩溃到来以前,就从内部崩溃了……资本家阶级获得了全线的胜利。"②

4月10日事件表明英国工人阶级对革命行动准备不足,宪章派左翼活动家同群众的联系也很不够。

到科隆去,那里才真有事可干!

宪章派游行示威失败后,英国工人运动长期停滞不

---

① 列斯纳《一八四八年前后》,载《人间的普罗米修斯》第10页。
② 《马克思恩格斯全集》第29卷第399页。

前。这时,列斯纳很想返回正在进行革命的祖国——德国。他一心一意想斗争,急着要奔赴那有事可干的地方。他打算去科隆。他写道:"这个城市对我的吸引力很大,因为革命工作者马克思、恩格斯、威廉·沃尔弗、弗莱里格拉特、沙佩尔和莫尔等当时都在那里,出版《新莱茵报》。"①

在德国革命前夕,马克思和恩格斯曾预料这场资产阶级革命将推翻专制王朝并消灭封建残余。他们说,即将来临的这场革命完全不同于18世纪末的法国革命。在法国,革命的主要动力是资产阶级,在德国和欧洲其他国家,登上政治舞台的是一个新的阶级——无产阶级。

恩格斯在1847年1月写道:"在资产者的背后到处都有无产阶级……"②马克思和恩格斯估计了革命的性质、任务和动力,在《共产党在德国的要求》这份历史文件中制定了策略。③这是一份要求把资产阶级民主革命进行到底、创造无产阶级夺取政权的必要条件的纲领,纲领的基本要求是:建立统一的、不可分割的德意志共和国,武装全体

---

① 列斯纳《一八四八年前后》,载《人间的普罗米修斯》第11页。
② 《马克思恩格斯全集》第4卷第514—515页。
③ 参见列维奥娃《德国1848—1849年革命时期的马克思》1970年俄文版第19—30页。

第二章 "把毕生献给人类的解放"

人民，实行普选，无偿地废除封建徭役，没收地主的土地和矿山，国家掌握一切运输工具（铁路、运河、轮船、道路），银行国有，限制继承权，政教分离，实行累进税，设立国家工厂，帮助丧失劳动力的人。

这时，德国工人阶级还不太坚强有力，不能指望他们建立无产阶级的政党，所以，要推翻封建专制制度，必须联合一切民主力量。这就说明为什么马克思和恩格斯决定支持民主派的极左翼了。他们是在1848年4月到达科隆的，在科隆参加了刚建立不久的民主派协会。[①] 参加该协会的有军人、律师、官员、医师，但是最多的还是手工业者和工人，他们都主张建立一个民主的国家，其中最坚定的人甚至认为应该宣布共和政体。

马克思及其拥护者依靠无产阶级，对这个组织起了重大的影响。

《新莱茵报》成了革命的、无产阶级一翼的机关报。1848年6月1日，报纸出版了第一号。

马克思和恩格斯尽量利用报纸的篇幅对工人阶级进行政治教育，培养他们的阶级觉悟，动员无产阶级群众争取

---

① 参见科契特科娃《马克思和恩格斯在科隆民主协会的活动》，载《马克思主义的形成和发展史》1959年俄文版第303—322页。

实现他们的历史任务。《新莱茵报》是一份真正战斗性的报纸，它提出革命的重大问题，指导工人阶级争取彻底的解放。列宁说这份报纸"是革命无产阶级的最好最卓越的机关报"①。

列斯纳是《新莱茵报》的热心读者。这份报纸经常报道德国各地的革命事件，发表各地来信，揭露当局胡作非为，痛斥官僚鱼肉百姓。报纸还刊载了许多普通工人的来信，谈到他们贫困交加，亟待救援。教师和学生来信谈教育制度的缺点，低级官员来信谈普鲁士官僚主义的弊端。

报纸接二连三地报道英国、法国、意大利、比利时、波兰的革命运动，这些消息使细心读报的列斯纳眼界大开，使他的觉悟有所提高，把他锻炼成了一名政治战士。

从1848年6月25日起，《新莱茵报》发行临时号外，报道巴黎的街垒战斗，那里的工人已经起来争取自己的权利了。但是过了几天，报纸带来了六月起义失败的坏消息。

列斯纳及其伙伴大为震惊。他写道："正当我们准备启程的时候，传来了六月起义惨遭失败的坏消息。这对我

---

① 《列宁全集》中文第二版增订版第26卷第84页。

第二章 "把毕生献给人类的解放"

们所起的影响很难以笔墨形容。我记得很清楚,当时我把《新莱茵报》(1848年6月29日)上马克思所写关于这一事件的文章读了二十来遍,因为这篇文章恰好表达了我们的情感。尽管如此,我们并没有气馁。"①

1848年8月初,列斯纳筹集了足够的路费,离开伦敦回到德国,到了科隆。

在汉堡朋友们的帮助下,他弄到了化名为弗里德里希·卡斯滕斯的证件,而且也找到了工作。不久,列斯纳加入了科隆工人联合会,积极从事革命活动。他写道:"我回到德国,是为了在那里宣传新的明确的共产主义原则。在1848年、1849年和1850年,我有时公开有时秘密地做了这些工作,接着我就受到追缉。"②

科隆工人联合会成立于1848年4月,是由共产主义者同盟盟员,科隆著名的医师安得列阿斯·哥特沙克创建的。哥特沙克在工人联合会中颇有声望,尤其是在它成立初期,这是因为他经常在工人和手工业者中间行医,他们

---

① 列斯纳《一八四八年前后》,载《人间的普罗米修斯》第10—11页。
② 列斯纳《1840年2月7日创建的伦敦共产主义工人教育协会成立五十年》。

是这个组织的主要成员。哥特沙克的观点接近"真正的社会主义者",他的好友莫·赫斯就是这些人的主要代表。像"真正的社会主义者"那样,他也主张"普遍的爱和兄弟情谊",要求立即宣布"工人共和国",他想用合法的手段做到这一切。他引导工人联合会讨论纯经济问题,教育工人不要过问政治斗争。

在工人联合会的领导人中还有莫尔、沙佩尔以及一些共产主义者同盟盟员,他们竭力消除哥特沙克的影响,对工人进行政治教育。1848年7月3日哥特沙克被捕后,莫尔便成为联合会的领导人了。

列斯纳加入联合会时,联合会已经由执行马克思路线的莫尔和沙佩尔领导了,列斯纳是在伦敦德意志工人教育协会时期认识沙佩尔的。

列斯纳积极宣传《新莱茵报》提出的思想和口号,他每天在作坊里散发报纸,经常向伙伴们朗读报上的重要文章,他们听得也很带劲。[①]

[①] 参见列斯纳《一个工人对卡尔·马克思的回忆》,载《人间的普罗米修斯》第29页。关于这一点,德意志联邦共和国历史学家恩斯特·施赖普勒有不同的看法。他认为《新莱茵报》文字艰深,不是写给一般人看的(见恩·施赖普勒《1830—1853年的手艺工人联合会》1972年柏林—纽约版第256—257页)。

第二章 "把毕生献给人类的解放"

列斯纳在外表上不太引人注目，像马克思和恩格斯的许多拥护者一样，他孜孜不倦地进行宣传工作，把真正革命的力量团结在报纸的周围。

科隆九月事件的参加者

德国的政治局势日趋紧张。在巴黎工人六月失败后，德国的反动封建王朝又稳住了阵脚，准备消灭人民在三月街垒战斗中所赢得的民主自由。

普鲁士军阀横行霸道；大城市周围集结部队；资产阶级及其代表人物在普鲁士政府、德意志各邦和法兰克福国民议会执行反人民的政策。这一切引起了人民群众的不满。人民群众已有足够的理由发泄这种不满了。这个理由就是：普鲁士政府拒不支持什列斯维希—霍耳施坦反抗丹麦统治的解放斗争，而且又在1848年8月同丹麦签订了可耻的协定。人民忍无可忍，在美因河畔法兰克福爆发了起义。9月18日，城里开始了街垒战斗，起义的主力是城市工人和近郊的居民。起义者武装很差，这就决定了斗争的结局。

德国各地区响应法兰克福的起义，巴登、维尔腾堡、杜塞尔多夫和科隆，也跟着骚动了。

1848年9月20日，在科隆柯梅丁大街埃塞尔大厅（民主协会常在这里开会）里举行了一次群众大会。大会三呼"万岁"，向英勇的法兰克福的战士致敬。发言的人都痛斥法兰克福国民议会背叛德国人民，批准同丹麦签订的可耻的协定。大会的决议印成了传单，散遍了科隆的大街小巷。

　　普鲁士的军阀在科隆，也像在普鲁士的许多城市里一样胡作非为，居民们尤其痛恨第二十七步兵团。许多人围着营房，要求该团撤出城市。[1]城里还有三月革命后成立的市民自卫团，它的领导人是反动的城防司令亨·维特根施坦，他利用自卫团来保护资产阶级的财产，防止工人阶级抢劫。科隆自卫团的成员极其复杂。那些民主派都集中在第九旅。他们主张维护公民的权利和自由[2]，要求改组自卫团，清洗保皇派。[3]列斯纳被编入市民自卫团，正好编在第九旅，他说，在这个旅中，"主要是《新莱茵报》的拥护者和朋友，他们讨厌那些小店主和庸人，所以又称作

---

① 1848年9月16日《特利尔日报》。
② 《莱茵守卫者》1848年№1第2页。
③ 《莱茵守卫者》1848年№5第2页。

第二章 "把毕生献给人类的解放"

'红色旅'"①。

9月11日,市民自卫团的民主派战士终于迫使第二十七步兵团撤离城市,免除市民自卫团司令维特根施坦的职务。②"红色旅"向普鲁士军阀不停地斗争,科隆城防司令只好在9月底写信给市民自卫团司令部,要求撤销第九旅和第十六旅,因为"它们在同第二十七步兵团的冲突时,表现得太坚决了"③。这也是普鲁士政府对市民自卫团的政策——消灭无产阶级的革命分子,把自卫团变成镇压革命群众的工具。

按照马克思关于支持民主运动的策略指示,列斯纳参加一些地方组织。他出席民主协会召开的会议,在那里认识了卡尔·马克思、威·沃尔弗、弗莱里格拉特。他经常听威·沃尔弗作的有关当前政治情况的报告,他写道:"听他讲演确是一件乐事。他在政治评论方面的生动的幽默极为大家所赞赏。"④

列斯纳经常参加当时《新莱茵报》为动员群众而组织

---

① 列斯纳《回忆录》,载1898年3月27日《莱茵报》。
② 1848年10月8日《莱茵守卫者》。
③ 1848年9月21日《莱茵守卫者》。
④ 列斯纳《一八四八年前后》,载《人间的普罗米修斯》第11—12页。

的群众集会。1848年9月13日,在弗兰肯广场举行了一次大型集会,参加大会的人选出由30人组成的公安委员会,其中包括马克思、恩格斯、沃尔弗、德朗克等人。正像民主派报纸《新科隆日报》所说的,公安委员会的任务是实现人民之所想,"因为立法当局不愿同人民站在一起"①。在大会上散发了《共产党在德国的要求》。

这次集会以及会上通过的决议使反动派惴惴不安。大会于十二点钟举行,两个小时后,全城都贴满了资产阶级保皇派的市民联合会的布告,号召人们抗议成立安全委员会,说什么成立安全委员会是革命的第一步。

在农村的宣传鼓动工作

在争取建立民主统一战线以对付卷土重来的反革命势力的斗争中,马克思和恩格斯认为,必须吸引农民参加运动。

国内革命运动的高潮也逐渐波及了农民。大多数农民开始参加民主协会在科隆市和郊区举办的各种群众集会。②

---

① 1848年9月14日《新科隆日报》。
② 1848年9月17日《特利尔日报》;1848年9月26日《新科隆日报》。

第二章 "把毕生献给人类的解放"

士兵们的革命情绪十分高昂。1848年9月17日的《新科隆日报》写道:"农民和士兵曾被政府用来对付人民,现在他们开始懂得,改善生活,不应该期待贵族和军官,而应该依靠人民。一旦他们有所认识,反动派就不得不退缩,人民的意志也就会实现了。"

根据1848年8月莱茵第一届民主主义者协会代表大会(科隆工人联合会的领导人莫尔和沙佩尔参加了这次大会)的决议,工人联合会开始重视农民工作了。列斯纳受联合会的委托,积极在沃林根这个离科隆只有三小时路程的小市镇进行宣传工作。① 工人联合会的机关报《科隆工人联合会会刊》报道了科隆工人联合会同沃林根农民座谈当代政治社会问题的消息。沃林根居民所提出的问题和回答,说明农民深知自己窘困的原因,他们有足够的力量和勇气为改善困难处境而斗争。在这些座谈会以后,在沃林根建立了一个协会,推行与科隆工人联合会相类似的政策。参加协会的一下子就有40个人。报纸欢呼这个协会的建立,并声称:科隆工人联合会将尽力支持它的工作。报纸写道:"农民和工人是国家的栋梁,同时他们又是最受

---

① 列斯纳《回忆录》,载1898年3月29日《莱茵报》。

压迫的人……在工人和农民中，蕴藏着德国的革命力量，一旦工人和农民团结起来，紧紧地抱成一团，他们就能挣脱封建的枷锁和资本的压榨。"①

文章最后号召工人同他们的农民弟兄建立联系。列斯纳和工人联合会的其他会员在农村进行的宣传鼓动工作，为筹备1848年9月17日在沃林根举行的民众大会起了重大作用。参加这次大会的有8000多人。莱茵地区的各个城市都派了代表，科隆派了3000人，杜塞尔多夫、克雷弗尔德、诺伊斯、希特多夫也都派了代表，农民和士兵也参加了。许多人是乘坐船只，举着红旗，顺着莱茵河到沃林根的。

科隆警察局得悉集会即将举行，也采取了紧急措施。在城市的各个要塞布满了荷枪实弹的士兵，大炮也都对准了科隆。有些监狱还关押着在6月逮捕的联合会的领导人哥特沙克、安内克，这些监狱也都加强了保卫，以防人民进攻。

在莱茵河畔的草地上，竖起了一座插满黑红黄三色旗的讲坛，中间还有许多红旗。大会选举沙佩尔为主席，选

---

① 1848年9月7日《科隆工人联合会会刊》第4版。

第二章 "把毕生献给人类的解放"

举恩格斯为书记。

《新科隆日报》写道:"演讲人向到会的众人剖析普鲁士政府的意图,说它软硬兼施地镇压人民的主权。他们还说,柏林的宫廷党把第二十七步兵团的两个营调到科隆,就是打算挑起流血冲突,因为这就有理由赶走科隆市民自卫团,在城里恣意烧杀了。"[①] 大会批准了 9 月 13 日选出的公安委员会,还通过一项决议,号召建立民主的红色共和国。它的主要原则是:"劳动者应享受劳动果实,不劳动者不得食。"[②]

根据恩格斯的提议,大会要求柏林的国民议会不要批准和丹麦签订可耻的休战协定。

当听到科隆当局又要把仇恨居民的第二十七团的几个营调入科隆时,会场上群情激昂,决定全力抵制。参加大会的农民代表声明,在必要时,他们将为对抗反革命势力提供最有力的援助。

沃林根的这次民众大会,说明共产主义者和革命民主主义者的影响已经越出了科隆,这次大会在对农民进行革

---

① 1848 年 9 月 19 日《新科隆日报》。
② 1848 年 9 月 19 日《新科隆日报》。

命鼓动方面，又前进了一大步。①

科隆的街垒战斗

1848年9月下半月，德国的政治局势日渐紧张。在普鲁士的首都柏林，政府和国民议会的一场冲突即将爆发。科隆的局势也是如此，在《新莱茵报》编辑部的领导下，革命民主力量也竭力动员人民群众抗击反革命势力。

在莱茵省及其省会科隆，群众运动日益高涨，普鲁士政府忧心忡忡，把武装力量调进科隆，伺机挑动手无寸铁的群众，再把他们淹没在血泊中。

第一次事端发生在9月25日，当局逮捕了沙佩尔和约·菲·贝克尔。这次逮捕是在大多数工人休息的一个星期日进行的。这显然是挑衅。当警察想逮捕工人联合会主席莫尔和市民自卫团第九连连长瓦赫特尔时，周围的大批的群众没有让一个警察进屋去逮人。

这一天在旧市场街的广场上的人群，吹着口哨嘲笑地喊叫着，把科隆市警备司令、前市民自卫团指挥官维特

---

① 列斯纳在回忆他在沃林根的活动时说："1893年我在科隆参加德国社会民主党代表大会时，沃林根的同志们把我带到'我们亲自进行过活动的地方去'，并且给予我极其热情的接待。"（1898年3月27日《莱茵报》）

第二章 "把毕生献给人类的解放"

根施坦命令张贴的禁止市民参加非法集会的布告全都撕毁了。人群发狂了,用鹅卵石砸碎了警察总署的门窗。当局本想利用的市民自卫团,也出面支持人民了。①

莫尔和马克思向工人发表演说,号召工人不要受人挑拨,不要轻举妄动。②但是,一听到部队正在包围广场,工人们,包括列斯纳在内,立刻构筑了街垒。他们动用了许多砍倒的大树、栅栏、大车、监视哨、石头、木头、水桶,等等。在一个街垒上飘着一面红旗③,到了晚上八点钟,旧市场区已经戒备森严,但是并没有人来进攻。等到半夜,敌人也没敢来,大家便各自回家了。④

9月26日,科隆实行了戒严,市民自卫团被解除武装,许多报纸,首先是《新莱茵报》停止了出版。

科隆的九月事件得到各地的响应,引起了民主派的愤慨。普鲁士国民议会左派议员领导的对科隆戒严的抗议行动,迫使政府于10月3日撤销了禁令。1848年10月12日,《新莱茵报》复刊了。

---

① 1848年9月26日《新莱茵报》。
② 毕尔格斯《回忆斐迪南·弗莱里格拉特》,载1876年12月10日《福斯报》星期日增刊。
③ 1848年9月29日《特利尔日报》。
④ 列斯纳《回忆录》,载1898年3月29日《莱茵报》。

在科隆工人联合会里

1848年秋天,列斯纳在工人联合会里积极活动。11月,联合会委员会多次讨论了如何在农村开展工作的问题。还在沃林根进行宣传活动的列斯纳也参加了这些讨论。1848年11月6日,他出席工人联合会委员会会议,支持开展农村工作的提案。①

列斯纳的演说很出色,内容也很充实。这说明他已经积累了不少实际革命工作的经验,对科学共产主义的原理有了较深的理解。他深刻地认识到:经济因素对社会的历史发展具有重大的意义;资本主义必然要有所发展,一部分小资产阶级将要破产,变成无产阶级。

1848年10月,德国和整个欧洲看到维也纳这次以工

---

① 1848年11月12日《自由、博爱、劳动》。科隆工人联合会委员会的一位积极的委员卡斯滕斯的名字第一次见诸报端。这个问题,委员会的会议讨论了不止一次。在1848年11月19日的一次会议上,会议主席勒泽尔把莱茵省比作西里西亚,他说,在莱茵省,没有一点民主,而在西里西亚,居民都领会了民主的原则。列斯纳(当时的名字是卡斯滕斯)在一次演讲中详细地论述了这种现象的原因。他说:"这是因为在西里西亚,人们早就忍饥挨饿,贫困不堪,不得不考虑自己的处境。如果我们的小资产阶级——尽管他们一心想制定盼望已久的'宪法'——依然受大工业排挤,被'自由竞争'消灭,那时他们就会头脑清醒,毫不犹豫地转到我们党这方面来。"(1848年11月19日《自由、博爱、劳动》

第二章 "把毕生献给人类的解放"

人和大学生为主角的人民起义的结局如此惨痛，都十分震惊。科隆民主协会（领导成员中有马克思）对罗伯特·勃鲁姆被处死这条消息的反应，尤其说明了人民群众的情绪。勃鲁姆是法兰克福议会左翼的领导人之一，曾参加维也纳起义。

根据列斯纳的回忆："马克思刚露面时，会场气氛活跃，接着就鸦雀无声。马克思走上讲台，宣读了关于勃鲁姆牺牲的电报。我们顿时惊愕得呆若木鸡。接着，场内群情激昂，人声鼎沸。我感到当时德国人民会万众一心举行起义，完成革命。但是，我们全部想错了。情况完全不是那样；那些头面人物竟向那个下令屠杀人民最优秀儿女的暴君献媚。"[①]

维也纳起义的失败是德国反革命将要反扑的先兆。普鲁士当局把部队调进柏林，下令国民议会从首都迁往勃兰登堡。这是为解散议会在普鲁士实行政变的准备。

策略问题

1848—1849年的冬天，共产主义者同盟的领导人非

[①] 列斯纳《一八四八年前后》，载《人间的普罗米修斯》第12页。

常关心无产阶级政党的策略问题。马克思、恩格斯及其拥护者同莫尔、沙佩尔及其好友，发生了意见分歧。后者准备改组共产主义者同盟，仍旧采用过去那一套秘密的工作方式。由于九月事件而流亡伦敦的莫尔，同埃卡留斯、鲍威尔一起建立了新的中央委员会，起草了新的章程。莫尔作为特使，回到德国，想巩固同盟各支部同中央局的联系，吸收新盟员，并要求马克思和恩格斯支持这一措施。

沙佩尔受伦敦中央委员会的委托，在科隆建立了一个支部，列斯纳也参加了这个支部。但是，马克思、恩格斯和沃尔弗反对改组同盟，认为时机尚未成熟，因为当时共产主义者同盟并不是不能进行公开的政治活动。他们批评沙佩尔和莫尔起草的新章程，认为它比1847年底同盟第二次代表大会通过的章程倒退了一大步。

工人联合会的改组

1848年10月，科隆工人联合会的处境十分艰难，实际上已经是无人领导了。沙佩尔已被逮捕。可以说被革命人民从警察手中夺回的莫尔，也不得不流亡伦敦。一些共产主义者同盟盟员，即工人联合会委员会的委员，要求马克思来领导联合会。10月16日，马克思同意暂时代理主

第二章 "把毕生献给人类的解放"

席。10月22日，就批准他担任这一职务了。勒泽尔被指定为他的秘书。

马克思的领导以及他的拥护者所做的工作，对工人联合会的方向起了很大的影响。政治斗争问题成了大家的注意中心，在联合会的各次会议上，讨论了《共产党在德国的要求》。共产主义者很快就成了执行革命政策的多数派。

1849年1月，根据沙佩尔——他在11月15日被释放——的倡议，工人联合会进行了改组。[①]联合会的重要任务之一就是宣传《新莱茵报》所坚持的革命纲领。列斯纳和沙佩尔、埃塞尔、扎尔格特和赖夫当选为章程起草委员会的委员。2月底，共有18条的章程提交联合会的全体大会讨论。[②]

新章程宣布，联合会的任务是通过提供书籍、报纸、传单、举行学术报告会和座谈会，在政治、社会和学术方面，教育会员。马克思和恩格斯答应为会员每半个月举办一次关于社会问题的义务讲座。[③]为了便于会员参加会议，

---

① 格尔哈德·贝克尔《马克思和恩格斯1848—1849年在科隆》1963年柏林版第224页。
② 1848年2月8日、3月4日《自由、博爱、劳动》。
③ 1849年2月15日《自由、博爱、劳动》。

联合会划分的 9 个分会，每个分会每周聚会一次。每逢星期日，联合会举行一次全体会议。分会可以接收联合会的会员。如果有人对要求入会者表示异议，则由联合会委员会来决定是接纳还是拒绝。委员会由 15 人组成，其中包括 9 个分会的主席、联合会报纸的 1 位编辑，以及全体会议每三个月选举一次的 5 名委员。

1849 年 2 月 25 日，全体会议讨论并通过了章程。[①] 新章程表明联合会已经从过去那种狭隘的经济活动转向政治性的教育宣传工作，其目的在于使联合会变成一个群众性的无产阶级的组织。

委员会的每次会议，列斯纳都要出席。他也逐渐担任了一些工作，工作虽然琐碎，但是要求十分廉洁正直，兢兢业业，绝对忠贞。例如，列斯纳担任联合会财务监察委员会委员，要筹款救济会员，收集会费，同扎尔格特、柯尼希和赖夫一同与书店建立联系，为工人联合会的图书馆补充图书。[②] 联合会改组以后，列斯纳在 1849 年 2 月被选

[①] 1849 年 3 月 4 日《自由、博爱、劳动》。

[②] 1849 年 2 月 18 日、2 月 28 日、3 月 4 日、4 月 22 日《自由、博爱、劳动》。

第二章 "把毕生献给人类的解放"

为第九分会主席。①

第九分会设在布兰肯街,雅科布·许奈沙伊德的家里,每星期六晚上八点,分会会员聚会一次,讨论有关工人切身利益的问题。②

根据列斯纳领导的第九分会的建议,工人联合会委员会决定号召德国所有的工人联合会讨论工资问题,并汇报讨论的结果。为此还给它们散发了一些有关的《新莱茵报》作为学习文件③,因为上面刊登了马克思通俗地阐述经济学说原理的文章《雇佣劳动与资本》。

这一时期,列斯纳常为生活而操心,因为他没有固定的工作,也谈不上有足够的收入。1849年1月10日,他在革命民主派的《市民、农民和士兵的新科隆日报》登了一则广告,寻找裁缝工作。

"马克思没有申辩,而是指责……"

1849年初,普鲁士政变以后,《新莱茵报》编辑部又

---

① 在科隆工人联合会的机关刊物《自由、博爱、劳动》上发表的联合会会议记录过于简单,关于各个分会活动的报道也很少,因而无从了解第九分会的活动以及列斯纳在第九分会所起的作用。
② 1849年3月1日、4月5日《自由、博爱、劳动》。
③ 1849年4月12日《自由、博爱、劳动》。

遭到了迫害。

列斯纳出席了2月7日和8日普鲁士政府审判报纸编辑的两次开庭。在审理第一个案件时,传讯了马克思、恩格斯以及报纸发行人海尔曼·科尔夫,说他们侮辱当局;在第二个案件中,传讯了马克思、沙佩尔和卡尔·施奈德尔第二,说他们"煽动叛乱"。马克思和恩格斯在这两次审判中的发言,确切地说给列斯纳留下了不可磨灭的印象。他写道:"当时我以极其关切的心情出席了那两次开庭。亲眼看到、亲耳听到黑白反动派的对方占有极大的优势,我感到万分欣慰。甚至连敌人也掩饰不住对这两个人的敬佩!"①

列斯纳后来写道:"马克思没有申辩,而是指责了内阁。控告马克思(该报主笔)和恩格斯的理由是《新莱茵报》上刊登的那篇文章侮辱了'为上级检察官和宪兵效劳的人'。法庭上座无虚席。在最高检察官和律师讲话之后,马克思开始发言。他发言约一小时;最后他以沉着有力的语调对最高检察官和以他为代表的整个旧制度,对卑鄙龌

---

① 列斯纳《一个工人对弗里德里希·恩格斯的回忆》,载《智慧的明灯》第6页。

第二章 "把毕生献给人类的解放"

龊的普鲁士官僚……进行了极其猛烈的抨击。"①马克思谴责了"旧官僚制度、旧军队、旧检察机关和那些从生到死终身为专制制度服务的旧法官"②。

马克思和恩格斯揭露得十分尖锐,法庭不得不宣布被告无罪。列斯纳说:"在陪审法庭上,在这两次审判中,我听到马克思和恩格斯出色的辩驳,我对他们特别钦佩……恰恰是对《新莱茵报》的这两次审判,宣传了革命运动,提高了马克思和恩格斯的威信……"③

1849年2月至3月,《新莱茵报》倡议在科隆举办的几次民主宴会也是对群众进行政治宣传的一种形式。1849年2月24日,为纪念法国二月革命一周年,在埃塞尔大厅举办了一次民主宴会,有3000人出席,列斯纳曾为"未来的社会革命"举杯祝酒。④

为建立群众性的无产阶级政党而斗争

1849年春天,在德国又出现了政治危机。革命和反革命势力的一场搏斗看来已不可避免。德国革命的发展,

---

① 列斯纳《一八四八年前后》,载《人间的普罗米修斯》第13页。
② 《马克思恩格斯全集》第6卷第278页。
③ 列斯纳《回忆弗里德里希·恩格斯》。
④ 1849年2月28日《新莱茵报》。

表明小资产阶级民主派不能领导群众进行革命斗争。要进一步开展革命，就需要把工人阶级组织起来，使他们明白自己的阶级任务。马克思及其拥护者教育工人们从政治思想上、组织上脱离小资产阶级民主派，建立自己的政党。马克思、恩格斯及其战友们虽不反对同小资产阶级民主派采取联合行动以对付反革命，但为了团结各个工人组织也做了大量的工作。

1849年4月14日，马克思、沙佩尔、沃尔弗、安内克退出了莱茵省民主主义者区域委员会，认为各民主团体的现行组织成分过分复杂，最好是建立一个成分单一的更为严密的组织。[1]

科隆工人联合会也退出了德国民主协会总会，决定参加德国工人联合会总会，定于5月6日在科隆召开莱茵省和威斯特伐里亚各工人联合会的地方代表大会。[2] 马克思和恩格斯认为可以利用莱茵省的工人联合会总会来建立一个全德无产阶级群众性的政党。

这年春天在《新莱茵报》上刊登的文章，语气十分尖锐激烈，完全像一份革命民主派所领导的真正无产阶级的

---

[1] 参见《马克思恩格斯全集》第6卷第509页。
[2] 参见《马克思恩格斯全集》第6卷第697页。

第二章 "把毕生献给人类的解放"

报纸。但是，德国反革命已经转守为攻了，他们决定先封闭煽动叛乱的报纸，严惩报纸的编辑。1849年5月19日，《新莱茵报》出版了用红色油墨印刷的最后一号，刊登了编辑部向科隆工人的告别书。

马克思被逐出普鲁士，恩格斯到了普法尔茨，准备参加那里的起义。列斯纳留在科隆制造子弹，准备运往巴登。"当然，子弹是秘密地制造的……我们每一个人都各尽所能，支援革命。"①

1848—1849年的德国革命失败了。德国的资产阶级民主革命之所以没有完成，这是因为工人阶级软弱无力，倒向反革命阵营的资产阶级胆小怕事、背叛变节、同保皇派贵族串通勾结，农民运动分散零落而且脱离了城市的工人运动。资产阶级民主革命的主要任务——消灭国家的割据状态和封建残余，看来并未解决。

参加1848—1849年的革命，对列斯纳说来，是一次最好的锻炼，使他具备了一个无产阶级革命家应有的许多品质，毅力、坚定的革命性、对事业忠心耿耿、不夸夸其谈——这是列宁评价俄国工人革命家伊万·瓦西里耶维

---

① 列斯纳《一八四八年前后》，载《人间的普罗米修斯》第13—14页。

奇·巴布什金时所提出的一个革命家的主要品质[1]，这也完全适用于列斯纳。

列斯纳在这段时期的活动完全证实了恩格斯所说的，共产主义者同盟是最好的革命学校。共产主义者同盟盟员积极参加各民主组织的工作，站在革命的立场上，把《新莱茵报》的思想带给群众，同时还在农民中开展鼓动宣传，吸引农民参加民主运动，与其他各国的民主运动和无产阶级运动保持联系。由于列斯纳和其他一些共产主义者同盟盟员的努力，马克思和恩格斯在德国建立并巩固了工人阶级的组织，培养了一批无产阶级革命家。

---

[1] 参见《列宁全集》中文第二版增订版第20卷第79页。

第三章
秘密工作,身陷囹圄

第三章 秘密工作,身陷囹圄

1849年年中,整个欧洲革命都被镇压了。普鲁士军队镇压了德国南部的革命,法国部队镇压了罗马的革命,奥地利部队镇压了北意大利的革命,沙皇军队镇压了匈牙利的革命。整个欧洲开始了延续多年的反动时期。经过一场革命的震荡,反动势力在一定时期内需要重整旗鼓。法国1851年12月2日的政变,是结束这个过程的明显标志。

同样,德国的民主运动和革命活动,到1851年年中,也受到了重重限制。德国和瑞士在1849年底曾一度恢复工人联合会的合法活动,但到了1850年就几乎全被镇压了。

参加共产主义者同盟的改组

1848年革命以后,马克思和恩格斯集中精力总结革命经验,制定新的策略方针,他们需要做大量的工作。团结分散的革命力量,巩固共产主义者同盟,恢复和扩大被破坏的联系,组织和培养无产阶级干部,准备未来的革命战斗。

这时,同盟只能进行秘密活动,马克思到了伦敦就建

立了共产主义者同盟的领导机构——中央委员会，准备改组当地的同盟。

留在德国的共产主义者同盟盟员，利用各种机会唤醒工人，即使在反动条件下也不忘记革命的传统。他们在1849年9月8日为科隆工人联合会前任主席哥特沙克举行葬礼，他是在科隆霍乱流行时英勇救人不幸牺牲的。他的葬礼变成了游行示威。科隆工人教育协会（那时刚改名为工人联合会）委托列斯纳在哥特沙克的灵柩前发表演说。他怀着革命的激情说："我们的这位朋友是在履行他的同胞职责时牺牲的，在我的那些被杀害的同胞坟墓旁，一切是多么宁静啊，在我的这位朋友的墓旁也是如此，好像整个德国土地都被笼罩在静寂之中。有人想把这块土地变成一片荒漠。是的，在我们的祖国竟是这般宁静，坟墓般的宁静。然而，我们都渴望由此复活，过上好的生活。我们那些为真理、自由和权利而斗争的弟兄们落入了刽子手的手心，但他们没有死。他们的在天之灵永存，时刻嘱咐我们去报仇雪恨。他们被害了，他们的每一滴鲜血将凝聚成一支必将赢得彻底自由的大军。"[①]

---

① 列斯纳《在安得列阿斯·哥特沙克的墓前演说》，载汉斯·施泰因《科隆工人联合会（1848—1849）》1921年科隆版第105页。

第三章　秘密工作，身陷囹圄

尽管列斯纳的语言风格还没有完全摆脱小资产阶级民主派的影响，但他的演讲表明他已经是一个坚信革命事业必胜、准备奔赴战场的革命家了。

1849年11月5日，列斯纳觉得建立新工作方式的时机已经成熟，他给住在伦敦（这时马克思和恩格斯已经在伦敦重建了共产主义者同盟）的亨利希·鲍威尔写了一封信，要求他帮助科隆支部明确在新条件下如何进行斗争。他写道："地方支部委托我给您写信，请告诉我们，同盟是否还存在？是否重建了？望速见告，以便我们认清处境，明确如何行事。我们仍定期聚会，按照我们认为最适合于当前情况的做法而行动。此外，我们每周召开10人到12人的小组会，被派去参加小组会的都是同盟中工作最努力的优秀盟员。当同盟重新巩固时，我们很快就会找到我们所需要的人。不过，我们认为，您那里也许已经有了一个新的组织，或者这个组织正在建立。这样我们将很快得到详细的消息了。"[①]

在这封信中，列斯纳还写道，听说有一份新的杂志已筹备就绪，希望出版时立刻寄一本来。这指的是马克思和

---

① 1849年11月5日列斯纳给亨利希·鲍威尔的信。

恩格斯在伦敦出版的《新莱茵报·政治经济评论》。

1850年2月，科隆的工人派列斯纳去维斯巴登，已被囚禁八个月的沙佩尔就在那里的陪审法庭上受审。有人指控他反对公国的国家制度，有卖国行为。在法庭上，沙佩尔大义凛然，英勇不屈，信心十足，公开地坚持自己的共和观点，他的辩词令人折服，陪审法庭只好于2月15日宣布他和其他被告无罪。

沙佩尔被释放后，就同列斯纳匆忙赶到科隆，因为他的孩子还留在科隆。当沙佩尔被囚时，妻子死于霍乱，留下三个孩子。不久，一个需要喂奶的最小的孩子也死了。同志们领走了其余两个孩子。弗莱里格拉特照看的是一个最大的八岁女孩，她只会讲英语（她的母亲是英国人）。列斯纳每天都要去看望沙佩尔的两个孩子，对他们关怀备至。他和沙佩尔在科隆一共停留三天，然后就带着孩子们回到维斯巴登。

列斯纳和沙佩尔在维斯巴登很快建立了工人联合会，有200名手工业师傅参加，沙佩尔当选为主席。[①] 列斯纳也热情地参加联合会的活动。他时常发表演说，为政治流

---

① 参见列维奥娃《卡尔·沙佩尔》，载《马克思恩格斯和第一批无产阶级革命家》。

第三章　秘密工作，身陷囹圄

亡者募捐，做了大量团结先进无产者的工作。列斯纳的革命活动不可能不引起警察的关注。1850年6月18日，他被控告进行革命宣传鼓动，要他在24小时以内离开维斯巴登，离开拿骚公国。他写道："为了不使警察当局为难，我也只好到美因兹去了。"①

从各方面来说，这是列斯纳最困难的时期。他忍受了巨大的悲痛和失望，曾经爱过他的未婚妻克拉拉·霍佩嫁给了沙佩尔。列斯纳悲痛欲绝，感到十分委屈难堪，但还是勉为其难，答应了沙佩尔的邀请，去为这一对到伦敦去的夫妇送行。他写道："只有经历过类似这样事情的人才能理解我当时的感情。"②沙佩尔走过来对他说，这件事他非常抱歉，然而已无可更改，请他原谅，不要记仇。列斯纳有点张皇失措，甚至不能推开向他伸过来的手，他生命中的这段悲剧就这样结束了。沙佩尔带着家眷到了伦敦，列斯纳到了美因兹。尽管有这样一段遭遇，后来他在伦敦工人教育协会仍和沙佩尔一起共事，1865年还支持沙佩尔当候选人，把他选入国际总委员会。

---

① 列斯纳《五十年前》，载1900年10月27日《美因兹人民报》。
② 列斯纳《日记》第1册。

领导美因兹工人联合会

在美因兹，他很快就找到了工作，又参加了革命斗争。他写道："我在美因兹的任务是活跃同盟的地方支部，招募工人参加我们的斗争。"①

在美因兹有一个社会工人联合会，它有25个会员。后来，列斯纳成了它的主席。他写道："我发现那里的党员数量不多，但他们都是一些有修养的、受到我们思想鼓舞的工人，有些人还加入了共产主义者同盟。我们辛勤地、卓有成效地进行社会主义宣传。黑白反动派耀武扬威，夺走了好不容易得到的一点自由，这时我们只好停止公开的宣传活动，像同盟盟员那样努力开展秘密鼓动……

"在美因兹，散发传单的工作组织得尤其好。傍晚，同盟盟员把传单分到手，每人有一份，到指定的街道去，不到两个小时，整个美因兹都散满了最新的印刷品。"②

散发传单，发表演说，收藏文献，募集资金，组织工人小组——这都是列斯纳和他的同志们的工作。在当时德国的条件下，这种既不显眼而又艰难琐碎的工作——没有

---

① 列斯纳《一八四八年前后》，载《德意志言论》1898年第4册第149页。

② 列斯纳《五十年前》，载1900年10月27日《美因兹人民报》。

第三章　秘密工作，身陷囹圄

这种工作，工人阶级的解放事业就不会有进展——要求真正的英勇无畏。

1850年8月，列斯纳同共产主义者同盟科隆支部建立了联系。为此，他不得不专程到科隆去一次。他从科隆寄给和他同住一屋的美因兹工人联合会会员莱昂哈德·波尔兹的一封信中写道："我来到科隆，颇有收益。依我看来，这里的人们由于各种原因早就感到百无聊赖，我遇到了许多同情者，简直来不及一一去拜访……我不会很快就回来，因为我还要去许多地方，还要等着一件事……已经有人给法兰克福寄了信，那件事你是知道的。① 从我这里，你可以知道关于我的伦敦朋友②的许多事情。现在警察还没有打扰我。他们只是睁着一双大眼睛盯着我，因为共产主义者身上的气味太刺鼻了，他们是不可能闻不到的……"③

1850年10月11日，列斯纳代表美因兹支部参加了在美因河畔法兰克福召开的同盟区域代表大会。领导法兰

---

① 大概是指准备在法兰克福召开的同盟各支部区域代表大会。
② 大概是指亨利希·鲍威尔。他这时正以共产主义者同盟中央委员会特使的身份巡视德国的共产主义者同盟各支部。
③ 1850年8月14日列斯纳给莱昂哈德·波尔兹的信，载1852年10月19日《科隆通报》。

克福区域委员会（它包括各地工人联合会）的是马克思和恩格斯的战友、同伦敦保持直接联系的约瑟夫·魏德迈。[①] 召开这次代表大会的目的是讨论同盟支部的改组问题。代表们来自吉森、美因兹、曼海姆、海瑙以及德国西部的一些居民点。在代表大会上，列斯纳受命作为特使到纽伦堡，去改组那里的共产主义者同盟支部。

他到纽伦堡去参加"工人兄弟会"的代表会议，他要了解该会的工作，并尽量争取该会。工人兄弟会是1848年8—9月在柏林建立的组织，团结了东普鲁士、梅克伦堡、萨克森的几百个工人联合会，领导人是共产主义者同盟盟员斯蒂凡·波尔恩，按照列宁的说法，他是我们的"经济派"的亲戚，他只把工人和手工业者的注意力引向每天的经济需要，而不顾重大的政治任务。

完成了任务以后，列斯纳就回到了美因兹。看来列斯纳想在美因兹安家。1851年春天，在他的前未婚妻克拉拉·霍佩同他分手九个月以后，他在美因兹结识了阿萨芬堡的玛格达琳娜·弗勒肯施坦，并同她相爱。但是，这第三次的幸福也是好景不长。

---

① 奥伯曼《约瑟夫·魏德迈——生平事略(1818—1866)》1968年柏林版第205、209页。

第三章 秘密工作，身陷囹圄

莱比锡警察"荣立殊勋"

"您的证件呢？"一个在莱比锡车站等候火车的警察板着面孔问诺特荣克。

什么证件也没有，共产主义者同盟的特使诺特荣克在1851年5月11日就这样被逮捕了，他是为恢复在革命时期失去的联系而在德国各城市东奔西跑的，他的使命是改组同盟现有的支部，并建立新支部。

从诺特荣克身上搜出一大包文件，莱比锡警察喜出望外，文件中有给同盟特使的委托书、共产主义者同盟中央委员会告同盟书（三月、六月）、科隆中央委员会1850年12月1日通告、共产主义者同盟章程、介绍信，最重要的是那份写着必须会见联系工作的人的姓名住址。警察当局立下了"汗马功劳"。

诺特荣克的被捕不是偶然的。莱比锡警察局对他已经监视了一年之久。逮捕的借口非常荒谬：1850年6月19日，一个名叫赫尔费尔的莱比锡商人向警察局报告，说他在6月13日收到一个包裹，其中有一个没有封口的信封，写着"裁缝马尔提乌斯收"。信封里的中央委员会六月告同盟书，使这个商人惊恐万状。他犹豫再三：是把这封信

交给收信人呢，还是送到警察局去？莱比锡警察局立即开始寻找这个阴谋的线索。诺特荣克就成了第一个牺牲品。诺特荣克被捕后，在整个德国便开始搜索和逮捕共产主义者同盟盟员。5月19日在科隆逮捕了彼得·勒泽尔和海尔曼·贝克尔；5月23日在德累斯顿抓到了亨利希·毕尔格尔斯，在威斯特伐里亚逮捕了年轻的医生阿伯拉罕·雅可比；6月16日在汉堡逮捕了罗兰特·丹尼尔斯。普鲁士政府决定大张旗鼓地审判被捕的共产主义者同盟盟员，说他们犯了叛国罪。

"你们可以摧毁我，但绝不能使我低头！"

列斯纳在作坊里正在低头做活，听到一阵沉重的敲门声，他转过身来。

警察！逮捕令！

列斯纳当即从窗口跳出去，可惜没有逃脱成功。警察的铁箍般的手紧紧地抓住他，把他送进了警察局。这是1851年6月18日的事。被捕后，他的住所立即遭到仔细搜查，结果送进警察局的只是一大堆他从1846年起收集的藏书。正像警探所说的，这是到当时为止他们所见

第三章 秘密工作,身陷囹圄

到的最大一批共产主义的革命文献①,有《共产党宣言》,伦敦、科隆、维斯巴登、美因兹等地的工人教育协会章程,《共产党在德国的要求》,印着布朗基的祝酒词②的传单,等等。

列斯纳在拘留所待了一天,就被解往美因兹监狱,戴上手铐,关进一间肮脏阴暗的、住着20个人的囚室。③他写道:"由于他们不知道在审讯记录中应该写些什么,就折磨我,想轻易逼出我的口供。"④警察局白费心机,过了几天,他们捏造了这样一个罪状:此人在1850年和1851年间,散发教唆叛国的作品,攻击宗教,攻击有关财产的法律制度。⑤"一些士兵和一位可疑的年轻姑娘被召来作证。他们供称,他们曾从我手里收到传单,等等。但这一切都是枉费心机,这些证人从来没有见过我,也不能提出任何东西来反对我。"⑥

---

① 维尔穆待和施梯伯《十九世纪共产主义者的阴谋》1853年柏林版第53页。
② 指布朗基在狱中为1851年2月24日因纪念二月革命而举行的"平等者宴会"所写的祝词。
③ 列斯纳《日记》第1册。
④ 列斯纳《五十年前》,载1900年10月29日《美因兹人民报》。
⑤ 列斯纳《日记》第1册。
⑥ 列斯纳《五十年前》,载1900年10月29日《美因兹人民报》。

由于没有足够的罪证，于是又说他使用假名字。1851年8月，政府又给他加上了一个罪名，说他参加反普鲁士国家的阴谋活动，加入了共产主义者同盟。他受到了严厉的看管，被关进一间单人牢房。

8月25日，警察局长舒尔茨来到美因兹。列斯纳写道："此人的使命是挽救普鲁士国家，查明共产主义联系的线索。""警察局长先生一天三次来到我这个难以待客的囚室，陪他来的正是那个在普鲁士政府使者面前毕恭毕敬的监狱长。舒尔茨先生对我特别客气。但是，我并不领情，因为我早已看出，这是伪善者的原则：'目的为手段辩解……'……舒尔茨先生只有一个愿望，那就是要我把我所知道的有关共产主义者同盟的一切全告诉他。他发现他的努力全白费了，从我这里挤不出任何东西，这时他是多么失望啊。最后他终于明白了，他立刻收起他那虚伪的客套，变成了一个严刑拷问的法官。"①

监狱当局好几次劝列斯纳回心转意，好好考虑，作出必要的口供。接着又对他说，如果他不承认是共产主义者同盟盟员，就不放他出单人牢房。"我不想让这些社会救

---

① 列斯纳《五十年前》，载1900年10月27日《美因兹人民报》。

第三章 秘密工作，身陷囹圄

星先生心满意足，于是我就有四个多月的时间在这间阴暗牢房里思考这样一个问题：在德国，在这个不久前还有一部分渴望自由的人民反抗反动派走狗的国家里，为什么还能发生类似这样的事情……"①

列斯纳严格遵守保密的要求，始终坚定不移地拒绝供出有关共产主义者同盟的活动。

他住在一间九英尺长四英尺宽的囚室里。一英尺见方的窗户紧接着天花板，窗户前面有一只铁箍的木箱。它放在那里，使里面的人除了一块天空，什么也看不见。空气只够让一个人不致被日夜放在这里的尿桶的臭气熏死。犯人从来不放风……除了一条草垫和两床被，既没有桌子，也没有椅子。吃饭时就用这个一年也未必打扫一次的肮脏的床……②

1852年5月14日，也就是说，被捕一年以后，列斯纳被送到区级法院去受审。尽管召来一些根本不认识列斯纳的人，尽管辩护人同当局串通一气，他们仍然不能捏造出任何不利于他的重要材料，法庭只能因为他非法使用"弗里德里希·卡斯滕斯"的名字判处他一个月的监禁。

---

① 列斯纳《五十年前》，载1900年10月27日《美因兹人民报》。
② 列斯纳《日记》第1册。

当时警察局长舒尔茨在进行威胁，他无法从列斯纳的口中取得必要的供词，就把列斯纳作为科隆案件的被告人来追究责任。①

这场审判是按照弗里德里希·威廉四世的直接指令组织起来的，威廉四世还没忘记不久前的革命，一听到共产主义者，便胆战心惊，一心想在普鲁士"消灭"这些"人类的敌人"。内政部和警察当局用尽一切力量布置这次审判，为了编造起诉材料，不惜使用伪造、煽动、盗窃和背誓等手段。

1852年，舒尔茨死了，案子由新任警察局长施梯伯接办。多年以后，列斯纳在一篇回忆文章中写道："关于他的活动，应该读一读马克思的《揭露科隆共产党人案件》，这样你才可以清楚地知道，施梯伯那一伙人和当时的普鲁士政府曾不择手段地硬要在舆论和法庭面前把自己的卑劣谎言说成是真理。"②

6月28日，列斯纳服刑期满，但是在27日早上五点钟他就接到立即启程的命令。走了九天才到达科隆，这段旅程十分艰苦，手铐把他的手腕磨出了血，那些宪兵还嘲

---

① 列斯纳《五十年前》，载1900年10月27日《美因兹人民报》。
② 列斯纳《五十年前》，载1900年10月30日《美因兹人民报》。

第三章 秘密工作,身陷囹圄

笑他。"市长和宪兵对我如此残酷,想以此证明他们对国王和国家的忠诚。"[1]

他们认为他们在押送一名特别危险的罪犯,每一次歇脚时都要对他严加防范,不断地检查他的手铐是否牢固。列斯纳写道:"我真觉得好笑,为了我,他们竟采取了这样严厉的措施。一个工人竟把他们吓成这样!"[2]

那些拘留所肮脏拥挤,虫子很多,列斯纳感到十分痛苦。"在波恩,我们被塞进一间已经住了五个人、不到九英尺见方的房间里,挤得甚至站着都很困难,我们在这间房屋里只待了一个小时,由于臭气熏天,蚊虫叮咬,简直憋得透不过气来。"[3]

在宾根,尽管宪兵采取了各种预防措施,监狱附近的一大群人还是向列斯纳欢呼。他在日记中写道:"他们对我表现了巨大的同情。如果事情由他们来决定,我多半是会立即被释放的。"[4]

1852年7月6日,列斯纳终于到达科隆。在他的日

---

[1] 列斯纳《一八四八年前后》,载《德意志言论》1898年第4册第150—151页。
[2] 列斯纳《日记》第2册。
[3] 列斯纳《日记》第2册。
[4] 列斯纳《日记》第2册。

记中有这样一段话:"我们走近科隆时,我的感觉只有处在我的地位的人才能理解。1848年和1849年我住在科隆。在那里我听到并吸取了一些伟大崇高的思想,还交上了许多真诚的朋友。没有一个人比我更了解科隆了。"[①]

列斯纳到达科隆的第二天,侦察员孟克就向他提出控诉,说他在十年以来一直属于一个共产主义的革命组织,这个组织的目的是推翻普鲁士的国家政权,武装公民,挑起全面内战,等等。列斯纳写道:"当我听到这一可笑的罪名时,忍不住笑了。"[②]

结果,列斯纳的案件就和因同案而在押的十个人的案件合在一起,他开始过普通犯人的生活了:孤独,肮脏,从早上五点到晚上八点纺线,忍饥挨饿,日子十分难熬。有一天,列斯纳在单人囚室里给他的未婚妻玛格达琳娜·弗勒肯施坦写信。他写这封信并未得到狱方的许可,因而受到惩罚,三天三夜睡在光秃秃的地板上,只得到一点点面包和水。他像一个革命家那样,英勇而坚定地忍受了一切痛苦,始终忠于自己的原则。"我做这些事情,并没有感到有失尊严,我觉得我是在为正义的事业而受苦

---

① 列斯纳《日记》第2册。
② 列斯纳《日记》第2册。

第三章 秘密工作，身陷囹圄

的……我认为，只有这样才能考验你能不能为自己的原则而牺牲，能不能忍受不幸，不抱怨，不诉苦；是的，我的健康大受损害，但是我要自豪地承认：我觉得我能忍受这种牺牲，尽管我的处境在我看来是可悲的。我感到我已遭到遗弃，孤立无援，没有人给我出主意、想办法，得不到任何安慰……一个人最重要的是在任何情况下都忠于自己的信念，不违背自己的原则，不放弃这些原则。"①

无尽无休的审讯一直延续到9月。1852年10月1日，也就是说在他被捕后15个月，他接到起诉书，给他安的罪名是：他在1848—1851年期间，在科隆同几个人组织密谋，企图推翻国家制度，煽惑民众，反对王权，互相争扰，并力图挑起内战，有违莱茵省刑法第84、89、91条以及普鲁士刑法典第61、62、63节等项之规定，应依法予以惩处。②

审讯是在1852年10月4日开始的，一直继续到11月12日。

他们物色的陪审员全是统治阶级的代表人物，这些

---

① 列斯纳《日记》第2册。
② 参见列斯纳《一八四八年前后》，见《人间的普罗米修斯》第15页。

人代表大资产阶级、城市贵族、地主、政府官员,其中还有一个王室侍卫官,一个普鲁士教授。柏林警察局局长施梯伯、汉诺威警察局局长维尔穆特和许多警官作为证人出庭,这些人经常干预法庭的审讯工作。

列斯纳在供词中,不承认加在他身上的那些罪名,实际上也没有什么重大罪证说明他有罪。因此,国家检察官也不能给他加上特别的罪名,只好宣告列斯纳无罪。列斯纳写道:"但是,审判长先生希望有另一种结果,而陪审员也很了解这位审判长先生。这一点从他们的判决中就可以看出来。"[①]

11月12日,法庭最后一次开庭,宣布判决。

列斯纳写道:"上午九点,我们被带进法庭……从监狱到法庭这段路程很不平凡!……每个人都在考虑自己的命运,但是并不像懦夫或罪犯那样垂头丧气,而是英勇地、自觉地等候判决。每个人都深信,决不会因获释而欣喜若狂,也不会因判罪而灰心失望……我们就是怀着这样一种心情走上法庭的。"[②]

根据城市当局的命令,法院和附近的街道都布置了军

---

① 列斯纳《日记》第3册。
② 列斯纳《日记》第3册。

第三章 秘密工作，身陷囹圄

队。除了押送犯人的骑兵，还有许多骑兵在法院附近排成队列，群众不得走近。在审判大厅里只有少数人出席。

在死一般的寂静中，法庭宣读了判词。

在被判刑的 11 个人中，7 个人被判处了不同刑期的徒刑。列斯纳被判 3 年的徒刑。判决符合制造科隆案件的目的：使德国革命无产阶级失去领袖，迫害它的最有觉悟的代表，绞杀它的第一个政治组织。

科隆审判案就这样收场了。列斯纳写道："这场戏总算演得成功。人类的历史一定会把这个审判案载入史册，并作出另一种判决。"[①]

两年以后，1854 年 10 月 4 日，被关在季尔别尔堡的列斯纳在回忆这次审判时写道："那一天我们在法庭前并不感到自己是罪犯，全世界的人都知道我们，并且作出了公正的判决。因为人民和社会舆论早在这个案子开始时就替我们辩护了。在这个案子里，与其说我们是被告，还不如说我们是原告。"[②]

使列斯纳感到难过的是，他不能把审判时发生的和有关审判的一切记述下来，他说，需要写一部书才能阐明这

[①] 列斯纳《日记》第 3 册。
[②] 列斯纳《日记》第 13 册。

次审判,才能揭露警察官僚的普鲁士国家如何可耻地迫害德国共产主义者。

大家知道,马克思在《揭露科隆共产党人案件》这部著作中出色地完成了这项任务,该书在审判结束后,很快就在1852年12月初出版了。

审判结束后,全体被告都提出上诉,但是过了两个星期,又全都撤回了。列斯纳由于辩护人的坚决要求,没有撤回上诉,但因此而延长了监禁时期。当局对上诉状长期置之不理。1853年1月29日,他的申请才被批回:维持原判……一天又一天,一星期又一星期,一月又一月地过去了,他还没有被送去服刑,他被关在监狱里,景况令人难以忍受:他被强迫服劳役,禁止读书,受到严格的隔离,从一间牢房移送到另一间更冷的牢房。"我觉得我的身体永远也不能暖和了……我在科隆最近这几个月里在身体上和精神上受到什么样的折磨,只有这间牢房里光秃阴冷的四面墙壁才能证明。唉,要是墙壁能够讲话,而当时人们又能听到,那该多好啊!"[①]

---

① 列斯纳《日记》第4册。

第三章 秘密工作，身陷囹圄

在格劳顿茨要塞

1853年3月30日，他终于被送到离科隆148公里的格劳顿茨要塞去服刑。4月2日他到了那里。

那里的监禁生活也很艰苦。他写道："在我的囚室里，脏水顺着墙壁成行地流下来。到处长霉，衣服发霉，食品腐烂，简直叫人恶心。整天见不到一线阳光，外面热得令人难受，我在这里整天冻得发抖。"①

尽管如此，但列斯纳并不沮丧，也不消沉。他的全部日记里洋溢着饱满的乐观精神，充满着对工人阶级最终胜利的信心。"历史的车轮滚滚向前，谁想阻挡它，谁就将被碾碎。"②

列斯纳时常想到，人民群众、革命事业必将很快取得胜利。"真理的太阳，总有一天早晨会冉冉升起，再也不落了。是的，总有这一天！这一天将慷慨地犒劳我们，因为我们经受了千辛万苦，我们当过奴隶，我们曾经失去了自由……"③

在纪念1848年二月事件六周年时，列斯纳在日记里

---

① 列斯纳《日记》第6册。
② 列斯纳《日记》第12册。
③ 列斯纳《日记》第12册。

写道:"各民族和各个国家的这个值得怀念的伟大日子,对于国王和暴君来说是可怕的! 1830年只是电光一闪,1848年响起了雷声,不过,真正的雷霆还要轰鸣,这是没有人怀疑的……我们的思想得到了广泛的传播。各种迫害只能使它们传播更广,扎根更深。人类的未来在于幸福、自由、正义、真理。我们正处在伟大事件的前夕……今天我想起了那些过去和现在对人类有功的、高尚的人,想起了那些在监狱里遭受折磨的人,想起了那些今天不知道明天吃在何处睡在何方、要怎样才能得到幸福的贫民……我还想起了崇高的布朗基。"①

列斯纳的日记贯穿着这样一些思想:个人利益应该是次要的,应该让位于为整个人类的真理和正义而斗争的利益。他号召大家:"勇敢,勇敢,再勇敢! 并不是一切希望都没有了,不应该对未来失望,因为未来还会发生更重大、更出人意料的事件。人啊! 你应当无愧于未来! 记着,你不是只为了你自己才活在世上的。"②

---

① 列斯纳《日记》第12册。
② 列斯纳《日记》第7册。

第三章 秘密工作，身陷囹圄

在季尔别尔堡

1854年1月11日，列斯纳从格劳顿茨要塞被解往季尔别尔堡要塞（在西里西亚）。

在那反动的年代，共产主义者受到罕见的恐怖待遇就是秘密遣送。有三位普鲁士大臣就经常处理这种事情。1月14日，内务大臣通知司法大臣，军事大臣已向格劳顿茨要塞发布指令："立即把在此地监禁的裁缝帮工列斯纳稳妥地、尽可能秘密地押到季尔别尔堡司令部。"

1854年1月15日，列斯纳到达新的囚禁地点，在那里过了好几年。第二天他在给未婚妻的信里写道："季尔别尔堡要塞所在地的那座高山，海拔八千英尺。这里积雪甚厚，甚至在炎炎夏日，这里也是寒冷的……"①

季尔别尔堡要塞的生活条件比格劳顿茨要塞还要坏，牢房又潮又冷，生火时又会被烟呛得喘不过气来。

然而，任何肉体的折磨和苦难都不能摧毁列斯纳的精神。"我变得衰老了，但我的精神并不老，我的精神永远是年轻的，不论在我的一生中遭遇怎样的艰难困苦。"② 他

---

① 列斯纳《日记》第13册。
② 列斯纳《日记》第14册。

写道,"勇敢、沉着、希望——始终是我的忠实伴侣……一个在监狱里忍受各种困苦的人,只要一想到自己的事业是正义的,就会感到安慰……"[①] 1855年1月27日,他在纪念他的监狱生活两周年时写道:"到今天为止,我在这个城堡里已经蹲了整整两年了,但愿最后一年快些过去,因为我面临的苦难也真是太多了……你们可以摧毁我,但绝不能使我低头!"[②]

列斯纳这时特别感到孤独。在个人生活方面,他并不顺利。同克拉拉·霍佩(她后来成了卡尔·沙佩尔的妻子)脱离关系以后,他爱上了玛格达琳娜·弗勒肯施坦,她对他也以爱相酬。当他被捕时,玛格达琳娜在精神上支持他,给他写信,给他物质帮助,曾因此遭到警察的迫害。最后她到英国去,在利物浦当了女仆。在1854年3月以前,玛格达琳娜还一直给列斯纳写信。后来,通信突然中断。列斯纳写了许多信向亲戚朋友打听,但是关于她的命运,仍然杳无音讯。这种痛苦的心情,使他更感到寂寞孤独,感到自己被人遗忘了。列斯纳有一封信曾被狱长扣留,他在这封信中写道:"我的全部过去,从童年时

---

① 列斯纳《日记》第10册。
② 列斯纳《日记》第14册。

第三章 秘密工作，身陷囹圄

期起，就是一连串的不幸和烦恼，是同各种障碍的不断斗争。但是我还要感谢命运，是它使我认清了自己的地位，懂得了这一生要干什么。"①

唯一能使他遣忧解闷的是那本日记，他一捧起日记就思如泉涌，心潮澎湃。有一天，他只不过是想去找一个医师看病，狱卒就没收了他的全部文具。在他看来，这是最严重的处罚了。

在要塞里，监狱制度尽管如此严格，但列斯纳由于有朋友的帮助，还是能弄到一些书籍和报纸，还能够（虽然不是系统地）注意监狱外发生的事情。例如，在他的日记里就有一些从《马德堡日报》上摘录下来的材料。

列斯纳看到报上登载一些革命的消息，就兴高采烈。他一听到1854年西班牙革命的消息就欢呼雀跃。他认为这件事一定能影响整个欧洲。"1854年的西班牙，对于欧洲说来，就像1847年的意大利一样，当然，所不同的是，这场新的革命将要获得胜利。欧洲正处在大革命的前夜。源起于法国的大革命必将席卷整个欧洲。"②

---

① 列斯纳《日记》第14册。
② 列斯纳《日记》第13册。

但是,列斯纳对西班牙革命的估计未免过高。西班牙的资产阶级并没有领导人民群众进行争取资产阶级民主革命胜利的斗争。马德里的骚动被残酷地镇压了,国内又实行了封建主和天主教教会的专政。

1855年3月4日,列斯纳得悉沙皇尼古拉一世遇刺的消息,他也把这件事写进了日记:"今天我们在这里听到沙皇尼古拉死亡的消息。这是一件大事,将带来重大后果……他这一死,欧洲各国人民就会得到好处,国王和公爵们就失去了一根最可靠的支柱,而民主派则少了一个最顽固的大敌。他统治三十年,阻碍了欧洲各国人民的发展……"[1]

列斯纳像以往一样,对光辉的未来、对革命,充满了信心。

"……新时代急速临近,不理解它的人要吃苦头,想抗拒它的人要吃三倍的苦头……

"未来万岁!在西欧,有一些事件临近了,这些事件将比国王、内阁和国会的意志力量大得多:一切懂得未来、争取未来的人们万岁!未来是属于我们,属于人民,

---

[1] 列斯纳《日记》第14册。

第三章　秘密工作，身陷囹圄

属于人类的……"①

一个身陷牢狱、饱受屈辱和折磨的人还能如此热情地坚信未来，这需要有什么样的乐观主义，需要有什么样的意志力量和精神力量啊！

1856年1月24日，他非常高兴地写道："再过两天，我就不在这里了。抖掉身上的尘土——真是太舒服啦！"②

获　释

1856年1月27日，季尔别尔堡要塞的沉重的大门，砰的一声在列斯纳身后关上了。他自由了。他痛苦地日夜盼望的这个幸福日子终于来到了。

列斯纳决定回他的故乡，到魏玛去。沿途他在布列斯拉夫、爱尔福特、夫赖堡这几个城市停留了几天。他又觉得失去了十分安逸的自由感。19世纪50年代末的德国还没有完全消失一度盛行的警察专横制度，他立刻感到整个德国就像是一座大型监狱。

在魏玛，他高兴地见到了从1846年起就没有见到的母亲和姊妹。这些亲人好不容易才认出久别重逢的他。但

---

① 列斯纳《日记》第14册。
② 列斯纳《日记》第16册。

是，他和家庭的关系仍像过去那样，十分疏远。他在囚禁时甚至没有给他们写过信。这是可以理解的，因为他早就离家上学，从那时就完全过独立的生活了。

列斯纳在魏玛见到了他上学时的第一位老师。他受到了殷勤的接待，有人还立刻给他介绍工作。他还认识了《新莱茵报》的编辑之一、诗人斐迪南·弗莱里格拉特的岳母，这位年老的梅洛斯夫人帮助他，带他去找那些需要定做衣服的人，他因此也有了额外的收入。

但是，列斯纳在魏玛没住多久，很快警察又开始注意他了，因为他曾想宣传共产主义，当时人心惶惶，一听到"共产主义"这个词就吓得直哆嗦。后来列斯纳写道："人们就像受处罚的孩子，每走一步都要引起严厉老师的新的处罚"。① 他想申请身份证，警察当局也不愿给这个"声名狼藉"的共产主义者签发任何证件。

列斯纳决定到伦敦去，他花了不少时间和精力，弄到了一张为期一年的护照，然后经汉堡到了英国。

在警察局为他所立的案卷里，有一份1857年8月7日的备忘录。这份备忘录可以证明，普鲁士警察局一直在

---

① 列斯纳《一八四八年前后》，载《德意志言论》1898年第4册第153页。

第三章　秘密工作，身陷囹圄

关注他出狱后的一举一动。备忘录中还有这样的记载："列斯纳被释放后曾前往魏玛去找他的母亲，后来又在他的师傅那里工作了一段时间。"也许是因为他把出生地的误会解释清楚以后，才弄到了前往伦敦的通行证。虽然警察局未见他有什么越轨行为，抓不到足以告发他的任何把柄，但仍然担心他在伦敦"完全有可能从那里的政治流亡者中重新找到旧关系，也许会被人当作密使派回大陆"。

第四章
再次流亡

第四章 再次流亡

勤奋学习理论

1856年5月,列斯纳到达伦敦。他离开英国已经八年,这个国家的形势显然已发生了变化。19世纪40年代的革命高潮衰落了。宪章运动也销声匿迹了。反动势力不仅统治着欧洲,而且也统治着英国。

科隆共产党人案件以后,反动势力更加猖獗。警察机关的镇压和司法当局的迫害,使共产主义者同盟在欧洲的活动实际上已经停顿。1852年11月17日共产主义者同盟伦敦区部会议决定解散同盟的地方组织,并认为同盟在大陆上继续存在已经没有意义了。

马克思和恩格斯以及在他周围的共产主义者同盟盟员的任务,就是要依靠同盟的光荣传统建立一个适应新的历史形势的新型组织,保存干部,为创建群众性的无产阶级政党创造条件,发展和完善革命理论,因为这是无产阶级斗争的思想武器。马克思和恩格斯认为,必须利用这段反动时期为即将来临的革命战斗进行坚持不懈的、系统的准备工作。

列斯纳到了伦敦,立即恢复了以往的联系。他拜访

了弗莱里格拉特和一些老朋友：卡尔·普芬德、格奥尔格·埃卡留斯，还结识了威廉·李卜克内西和一些德国流亡者。

这时，他同马克思的友谊更加深厚了。第一次见面，马克思就把自己当时已经出版的全部著作送给列斯纳，以补偿他在美因兹被捕时被没收的书籍。[①]列斯纳成了马克思家里的常客，成为他的挚友和他全家人的朋友。对马克思和他的亲人来说，这段时期十分艰难：敌人诽谤和监视，马克思本人患病，妻子生病，爱子夭折，物质上严重匮乏。但是，任何苦难都压不倒马克思铁一般的意志，他顽强地克服着困难，走自己的道路。列斯纳写道："任何时候都不应忘记，马克思及其全家居住在伦敦时所遭受的巨大不幸，尽管他们不愿意谈到这一点。那时，马克思和恩格斯所遭受的苦难，只有他们最亲密的朋友才知晓。对于他们来说，革命运动就是一切，再多的阻碍也挡不住他们朝着目标明确地运动前进。"[②]

这个时期，马克思集中精力制定他的科学理论。他的

[①] 参见列斯纳《一八四八年前后》，载《人间的普罗米修斯》第17页。

[②] 苏共中央马列主义研究院中央党务档案馆全宗178，目录10。

第四章 再次流亡

庞大的理论工作从未中断。他的任务就是要用社会的经济发展规律的知识来武装工人阶级。1857年，马克思着手撰写他早先计划的篇幅巨大的经济学著作的初步草稿。这个时期是马克思主义政治经济学形成的决定性阶段。他在1857年12月写信给恩格斯说："我现在发狂似的通宵总结我的经济学研究，为的是在洪水之前至少把一些基本问题搞清楚。"[①] 马克思在创作这部不朽的著作的同时，还督促他的学生和战友勤奋工作，为未来的斗争准备干部。威廉·李卜克内西回忆说："学习！学习！这是绝对命令，他常常向我们这样大声疾呼，而且这种学习精神早已体现在他的模范行动中，体现在他所表现出的始终不懈的工作中。"[②]

同马克思接近之后，这几年列斯纳一面在马克思的直接领导下工作，一面刻苦自学。他按部就班地去听杰出的学者赫胥黎、丁铎尔、霍夫曼和其他一些教授在伦敦大学讲授的生理学、地质学、化学等课程（看来，这些课程还是在1854年由基督教社会主义者主办并在伦敦有些影响

---

① 《马克思恩格斯文集》第10卷第140页。
② 李卜克内西《纪念卡尔·马克思——生平与回忆》，载《我景仰的人》人民出版社1982年版第64页。

的"工人学院"里讲授的①)。后来，列斯纳回忆说："这些报告对我们帮助很大，更加坚定了我们的政治信念，使我们了解了科学，特别是自然科学的基础。听这些报告时我十分高兴，我觉得它们十分珍贵，我一辈子也忘不了。"②

马克思鼓励列斯纳和一些德国工人去听这些演讲，有时他本人也带着妻子一起去听。

新的环境——新的对策

19世纪50年代末至60年代初，民主运动和工人运动又重新活跃起来，掀起了破除欧洲的封建主义残余、争取被压迫人民民族解放的斗争。1848—1849年革命没有解决的问题又重新提上了日程。革命运动的新形势要求新的对策。首先被提出来的是在反动时期被忽视的组织问题。

共产主义者同盟解散以后，无产阶级政党的那个固定的组织已不存在了。然而，这个组织作为一种思潮、一个理论流派仍在国际工人运动内部继续发生影响。必须把流

---

① 恩斯特·舒尔茨《英国人民群众的智力发掘》1922年慕尼黑版第50—54页。

② 列斯纳《生平札记》。

第四章 再次流亡

亡四处的共产主义者集合在一起,在革命的马克思主义理论的基础上建立新的无产阶级组织。在这种情况下,保持和加强同工人运动的某些活动家的联系,利用合法的机会宣传科学共产主义就具有特殊的意义了。

列斯纳找到工作后,便立即参加伦敦德意志工人共产主义教育协会的活动。但是,这个时期协会的景况并不很好。

共产主义者同盟停止活动以后,协会这个在工人中最受欢迎的合法组织,受到了像参加过南德意志1849年起义的金克尔这一伙小资产阶级民主派的影响。列斯纳写道:教育协会的一些会员"染上了小市民习气,甚至听到哥特弗里德·金克尔在报告中对共和主义进行诽谤和中伤也无动于衷……协会中再也看不到共产主义世界观的痕迹。协会的水平大大降低,差不多完全和那些认为只要作一些有关会计和自然科学的报告就可以消除工人贫困的自由派一个鼻孔出气"[①]。

金克尔异想天开,要到美国去旅行,其目的是要在那里推销债券,用于"组织"革命,他阴谋制造内部纠纷,

---

① 列斯纳《一八四八年前后》,载《人间的普罗米修斯》第18页。

夸夸其谈，引导工人脱离政治斗争，马克思和恩格斯对此十分愤慨。

列斯纳在协会里开展了积极的宣传活动，很快就组成了一个相当坚固的反对派（罗赫纳、普芬德、伊曼特等人）公开反对金克尔，揭露他的活动对工人的危害。最后，终于把他赶出了协会并消除了他的影响。

马克思非常关心工人教育协会内部的思想动态。当然，列斯纳也把协会中同金克尔小资产阶级影响的斗争的全部详情告诉了他最亲密的朋友马克思。

1858年底，马克思的学生威廉·李卜克内西成为该协会的一个分会的主席。另一个分会由沙佩尔领导，这时他已经放弃了他过去在1850—1851年的错误看法。1858年6月，协会开始出版工人周报《新时代》。但是，由于金克尔暗中破坏，在1859年4月就停刊了。金克尔从1859年1月出版了一份名为《海尔曼》的德文周报。列斯纳写道："周报的倾向是自由主义的，它的小市民腔调完全像金克尔在德意志工人共产主义教育协会里所作的那些报告一样。"[1] 这份报纸的主要宗旨是为了在伦敦德国流亡

---

[1] 列斯纳《一八四八年前后》，载《德意志言论》1898年第4册第155页。

第四章 再次流亡

者中间扩大金克尔的影响。马克思在1859年2月1日写给魏德迈的信中说："从来还没有过比它更无聊的刊物。"①

聚集在列斯纳和李卜克内西周围的教育协会的会员决定创办一份自己的报纸。这就是《人民报》。②

马克思很想创办一份新的刊物,因为随着形势的变化,必须寻找一个有利于建党的有效手段。换言之,需要一个出版机构。马克思写信给恩格斯说:"**这样的时刻也可能到来,而且不久就会到来,那时十分重要的是,不仅我们的敌人,而且我们自己**也有机会在一家伦敦报纸上发表自己的观点。"③

1859年5月1日决定出版《人民报》之后,马克思约请列斯纳、李卜克内西、普芬德、罗赫纳等人共同讨论有关出版报纸的问题。

1859年5月7日,《人民报》创刊号问世。几天以后,德国记者、小资产阶级民主主义者埃拉尔特·比斯康普和威廉·李卜克内西正式邀请马克思为《人民报》撰

---

① 《马克思恩格斯全集》第29卷第552页。
② 参见巴赫《卡尔·马克思和伦敦〈人民报〉(1859年)》,载《马克思恩格斯为建立无产阶级政党的斗争史》1959年俄文版第182—245页。
③ 《马克思恩格斯全集》第29卷第418页。

稿。马克思同意对金克尔进行斗争,并答应支持和经常投寄一些文章,还允许利用他为美国进步报刊《纽约每日论坛报》写的一些文章。此外,马克思也愿意帮助推销报纸。

实际上,马克思一开始就非常关注这家报纸,并把这份最初还是"流亡者的小报",逐渐变成正在形成的无产阶级政党的一份战斗的无产阶级机关报。马克思之所以要改变策略,是因为工人运动有了新的高涨。1859年3月,马克思在给拉萨尔的信中说:"因为时期不同了,我认为现在极其重要的是使我们的党在一切可能的地方占领阵地……然而发酵的过程已经开始,现在每个人都应当尽力工作。哪里有需要,就应当向哪里投毒。"[①]

马克思希望这份报纸不要被人看作一份充满浓厚小资产阶级情绪的教育协会的机关报。在1859年6月18日的《人民报》上有一段声明:本报是反映共产主义原则的独立政党的机关报。尽管这份报纸声明自己不依附于任何流亡的工人组织,但始终为拥护共产主义思想的先进分子提供版面。它报道伦敦工人教育协会的活动,刊登协会的许

---

① 《马克思恩格斯全集》第29卷第569页。

第四章　再次流亡

多会议和讨论的情况。协会的德国工人在1859年6月24日借纪念巴黎工人六月起义的机会，组织了一次国际性的群众集会，报纸发表了这次集会的详细报道。沙佩尔和列斯纳在集会上发表了讲话。①

1859年7月初，马克思不得不担负起该报实际的领导责任，因为报纸办得越来越糟了。1859年7月14日马克思写信给恩格斯说，报纸完全处于瓦解状态，他担心报纸是否能继续办下去。

1859年5月25日，马克思曾写信告诉恩格斯，他们还从来没有过这样糟糕的"参谋部"。②《人民报》的经营情况确实很糟糕，只有一个排字工人，没有一个"令人信赖的"发行人，没有投递员，而主要的是没有钱。马克思在6月7日给恩格斯的信中说："如果能弄到资金，雇一个多少可靠的发行人，那么报纸就能办下去。"③

马克思很重视报纸发行人的作用。他为《人民报》找到了一个可靠的人。他选中列斯纳，认为他十分忠诚，完全可以信赖。马克思认为，"报纸有了新的发行部，就不

---

① 1859年7月2日《人民报》。
② 《马克思恩格斯全集》第29卷第424页。
③ 《马克思恩格斯全集》第29卷第429页。

会赔钱了"①。发行人要做大量的组织工作：推销报纸、办理预订、经营广告业务等。马克思认为，只要有合理的安排，广告和预定的收入就会补偿印刷方面的开支。

1859年7月16日，《人民报》宣称发行部将由列斯纳主持。② 由于加强了编辑部门，马克思终于掌管了这家报刊，同时成为该报的撰稿人、编辑和行政负责人。在马克思的主持下，每一期的《人民报》的内容都非常严肃，总是用革命的马克思主义的观点来全面阐述当时的重大问题。

报纸就当时的政治问题，例如关于奥地利和意大利战争，关于战争时期的普鲁士政策，发表了一些文章，还刊登了恩格斯为马克思刚刚出版的《政治经济学批判》一书写的评论和为该著作写的简短序言。此外，报纸还发表了一些辛辣诙谐地嘲弄金克尔的文章。马克思在给恩格斯的信中写道："金克尔已经被我们最近的一些辛辣的文章击溃了。"③ 实际上，在《人民报》出版大约两个月以后，金克尔就退出了《海尔曼》编辑部。

---

① 《马克思恩格斯全集》第29卷第435页。
② 1859年7月16日《人民报》。
③ 《马克思恩格斯全集》第29卷第434页。

第四章 再次流亡

尽管马克思及其助手们竭尽全力,但由于经费困难,报纸于1859年8月20日出版第16号以后就停刊了。

一家之长

做了十多年宣传鼓动工作的列斯纳十分健谈,他后来在回顾党史时所提供的情况是很有启迪的。然而关于他的私人生活,我们掌握的材料非常贫乏。他从来不谈自己的个人问题,他常说,只有工人运动的利益才是重要的。他的传记作者向仍然在世、为数不多的他的同时代人打听他的情况,虽然也了解到他品德优良,但是无从了解他的家庭情况,以及他对孩子的教育情况。这方面的材料简直是一点也没有。

两年多以来,关于玛格达琳娜·弗勒肯施坦,一直音讯杳然。1856年6月,列斯纳一到伦敦,就探听她的消息。但是,即使在英国也打听不到她究竟在何处,没有人知道她的去向。这样过了一段时间,列斯纳总算忘记了这次命运的打击。

他到达伦敦已经两年多了,大约在1858年底,他同一位19岁的英国姑娘结了婚。她的名字无人知晓。我们仅仅知道,列斯纳一直到她过早地逝世以前,同她一起度

过了十年幸福的家庭生活。她生过许多孩子,在列斯纳的影响下,逐渐放弃了她多年信仰的英国高教会派的各种教义,投身于自由思想者的运动。

如果说,列斯纳后来在参加英国工人运动时没有在语言方面遇到很大困难,这是因为他在第一次结婚后在家里主要讲的是英语。

在伦敦德意志工人教育协会(1860—1864年)

伦敦德意志工人教育协会仍然是无产阶级流亡者的中心。这里聚集了各国的工人。1862年,在伦敦举办了一次世界博览会。这时,法国和德国工人代表团见到了住在伦敦的法国和德国流亡者,德国和法国的工人同英国的工会运动建立了联系。

由于列斯纳、李卜克内西、罗赫纳、普芬德以及马克思的其他战友竭力消除小资产阶级民主主义者金克尔的影响,协会的活动才活跃起来,又恢复了每个星期三、星期六和星期日的定期集会,又举行了各种问题的讨论会(例如,无产阶级在即将来临的革命中的任务)。

列斯纳继续在协会里进行组织工作。他经常去马克思家,向马克思详细讲述协会的活动,就像是一根联系工人

第四章 再次流亡

组织和马克思的纽带。马克思在协会里作了多次政治经济学方面的演讲。马克思亲自参加这些活动,非常有利于在伦敦的德国工人流亡者中传播科学共产主义,有利于进一步揭露小资产阶级的各种冒牌社会主义学说。马克思竭力利用这个教育协会来教育工人按照国际主义的精神团结起来。

1861年5月,由于布朗基在监狱中惨遭虐待,根据列斯纳的倡议①,协会发表了抗议书。5月1日,这份抗议书在教育协会会议大厅举行的法国和德国工人的会议上一致通过。

协会不只是发表了抗议书,还为布朗基募捐。马克思1861年11月10日给瓦托博士的信就是一个例证。他在信中写道:"我寄给您的五十法郎是由德国工人的俱乐部募集的……请您相信,我比任何人都更关心那位我一向认为是法国无产阶级政党的头脑和心脏的人的命运。"②

1863年波兰起义期间,拉品斯基上校请求协会募捐

---

① 列斯纳自称是布朗基的崇拜者,布朗基的英雄生涯始终激励着他。(列斯纳在1902年1月26日给友人的信中曾提到这一点。)

② 《马克思恩格斯全集》第30卷第611—612页(瓦托博士是转递布朗基的信件和代布朗基收捐款的中间人)。

帮助起义的波兰人，列斯纳也带他去见马克思，马克思很支持这个想法。因为他认为，波兰人争取独立的斗争是德国无产阶级的切身事业。① 伦敦德意志工人教育协会发表了呼吁书，建议在英国、德国、瑞士和美国的德国工人为波兰人募捐。"……德国工人阶级对波兰、对国外的职责……就是大声疾呼，抗议德国对波兰同时也是对德国和对欧洲的背叛。"②

根据马克思的建议发表了呼吁书。它是马克思在同德意志工人协会领导人进行多次会谈后亲自起草的。③ 列斯纳在呼吁书上签了名。

这个时期，列斯纳和马克思的其他战友在马克思的直接影响下在伦敦德意志工人教育协会中所做的工作，正说明了共产主义者同盟虽已解散，但共产主义小组和某些盟员的活动并未停止。后来他们在建立国际工人协会时就成了一批骨干力量。

许多年以后，白发苍苍的老战士弗里德里希·列斯

---

① 参见《马克思恩格斯全集》第30卷第368—369页。
② 《马克思恩格斯全集》第15卷第615页。
③ 见瓦列娃《关于伦敦德意志工人教育协会支援波兰呼吁书的作者问题》，载《苏共中央马列主义研究院马克思恩格斯著作室科学学术通报》1959年第2期。

第四章 再次流亡

纳在回顾自己漫长而又充满革命斗争事件的生涯时写道:"1864年,国际工人协会宣告成立,久已消失的共产主义者同盟在新的形式下复活了。工人们对社会主义产生了空前的兴趣,我们以往活动的果实正在成熟……"①

---

① 列斯纳《一八四八年前后》,载《人间的普罗米修斯》第19—20页。

第五章

第一国际

第五章 第一国际

国际工人协会的诞生

1864年9月28日,第一个无产阶级群众性的国际革命组织——国际工人协会,在圣马丁堂宣告成立。马克思是它的公认的领袖。

列斯纳在回忆这次圣马丁堂大会的筹备工作时说,是他最先把即将举行大会的消息告诉马克思的。他写道:"几位法国朋友要我去找一些了解并维护工人运动的德国社会主义者,邀请他们一起创建一个类似联合会的组织。我去找了马克思和恩格斯。经常住在曼彻斯特的恩格斯这时正在伦敦。我请他们参加,他们表示同意了。"① 后来就以组织委员会的名义发出了参加1864年9月28日国际大会的正式邀请。邀请马克思作为德国工人代表参加大会的事是由勒·吕贝转告的。②

---

① 列斯纳《国际工人协会的成立》。
② 参见《马克思恩格斯全集》第31卷第12页。勒·吕贝访问马克思的日期迄今尚无定论,马克思传记的作者认为是9月19日。但是列斯纳又说,他在向马克思报告大会筹备情况时,曾在马克思那里见到过恩格斯。马克思的记事簿里有一段记载证实9月8—9日恩格斯是在伦敦。从《蜂房报》来看,大会的筹备是在9月初,同时发出了邀请。

在 9 月 28 日的大会上选出了领导委员会。马克思作为德国工人的代表被选入领导委员会，从这个时候起，马克思就是国际工人协会（以下简称"国际"）的灵魂。[①] 他起草了国际的《成立宣言》以及大量的决议和声明。

伦敦教育协会是第一批加入国际工人协会的工人团体之一。埃卡留斯代表伦教教育协会在圣马丁堂的大会上发了言，这个协会的合唱队演唱了革命歌曲，受到法国工人和英国工人的热烈欢迎。

总委员会委员

在国际工人协会总委员会 1864 年 11 月 1 日的会议记录中，第一次出现了列斯纳的名字。那一天，根据马克思的提议，埃卡留斯附议，列斯纳被选为总委员会委员。当天，总委员会通过了马克思起草的协会的成立宣言和临时章程。

马克思把国际的这份纲领性文件写得通俗易懂，使发展水平不同和受过法国蒲鲁东主义者、德国拉萨尔分子和英国工联主义者影响的各国工人都能接受。新的组织应当

---

① 《列宁选集》第 2 卷第 579 页。

第五章 第一国际

把各派力量团结在以科学社会主义为基础的统一斗争中。夺取政权是工人阶级的伟大使命,这就是成立宣言的最重要的原则。① 大会通过这些文件,标志着马克思对资产阶级流派的第一个胜利。

在国际存在的整个时期,列斯纳一直是马克思的忠实助手。

从列斯纳第一次进入总委员会那一个值得纪念的一天起直到1872年以前的整个期间,他始终担任总委员会委员,经常出席总委员会的各次会议。列斯纳提出一些建议或支持的一些建议,有时——这是常有的事——还有人托他办些事情。凡是需要一个忠于职守、诚实正直和大公无私的人,大家首先想到的就是列斯纳。

国际成立后,它的首要任务就是把各个工人组织吸引到协会中来。列斯纳多次作为代表团的成员访问了伦敦的一些工人组织,使它们了解协会的目标。1865年1月31日,列斯纳、埃卡留斯、勒·吕贝、荣克、克里默在总委员会会议上报告了他们所取得的成果。他们说,他们所到之处都受到热情接待,所有的组织都同意讨论加入国际的

---

① 参见《马克思恩格斯全集》第16卷第13页。

问题。①

马克思和恩格斯在英国工人中间的宣传鼓动具有特别重大的意义。他们认为就消灭资本主义而言，英国的物质条件比任何国家都更成熟。英国的工人运动有自己的特点，宪章运动瓦解后运动一蹶不起，而且运动一向具有改良主义的幻想，这都是因为英国在世界市场上取得了垄断地位，因而工人阶级上层逐渐资产阶级化，并出现了新的社会阶层——工人贵族。马克思和恩格斯说，英国工人拥有进行社会革命的一切必要的物质前提，而他们所缺乏的是"总结的精神和革命的热情"②。工联是英国工人组织的唯一形式。工联的机会主义领导人只要求这些组织争取经济上的改善，千方百计地引导它们脱离政治斗争。

总委员会在国际的整个历史时期一直同工联的机会主义领导人进行斗争。它竭力使工联回到政治斗争的道路上，力图唤醒英国无产阶级的阶级觉悟，促使无产阶级摆脱资产阶级的影响。列斯纳对工联积极进行工作，促使工联脱离自由党，加入国际，参加政治斗争。

工联伦敦理事会加入国际是一件大事。马克思在给

---

① 《第一国际总委员会 1864—1866》第 32 页。
② 《马克思恩格斯全集》第 16 卷第 472 页。

第五章　第一国际

路·库格曼的信中写道："英国工联伦敦理事会……目前正在讨论是否宣布自己为国际协会英国支部的问题。如果它这样做，那么这里的工人阶级的领导权从某种意义上说就会转移给我们，而我们就能够把运动大大地'向前推进'。"①

列斯纳参加工联伦敦理事会的各次会议。在1866年12月19日讨论工联理事会加入国际问题的会议上，荣克、列斯纳和黑尔斯代表总委员会说明了英国工联理事会加入国际工人协会的益处。②

但是，伦敦工联的领袖不愿意英国各工会同国际这个工人阶级的政治组织发生联系。他们担心加入国际将意味着他们政策的破产，意味着他们对英国工人群众影响的消失。因此，工联伦敦理事会在1867年1月14日的会议上通过了一项决议，同意同国际工人协会合作，但是拒绝加入协会。③

尽管工会领袖们采取机会主义立场，国际仍然继续设法影响英国的工人群众。

---

① 《马克思恩格斯文集》第10卷第536页。
② 《第一国际总委员会1866—1869》第18、31页。
③ 《第一国际总委员会1866—1869》第51页。

1865年3月,英国制鞋工会加入了国际工人协会。[①]同年底,又有许多英国工人团体加入了协会。

1866年6月,列斯纳作为代表团的成员访问了打磨工人,8月访问了木器工人,9月访问了模型工人,10月访问了木工和细木工工人,12月访问了马车和马具制造业工人。[②]他到处去详细地讲解国际的各项原则,说服工人加入国际。在1866年10月9日总委员会会议上,宣读了粗细木工联合会总书记罗伯特·阿普耳加思的一封信,他在信中感谢总委员会派来的代表团,感谢代表团同他们在会上进行的"诚恳和有成效的会谈"。[③]

伦敦的鞋匠、皮货匠、纺丝工和其他很多工人都会经常在作坊里看到列斯纳的那略显伛偻的身形。他语调温和,充满信心,每一句话牵动着听众的心。工人们对他极其友好,都打算加入国际工人协会。

1867年,列斯纳受总委员会的委托继续出席各个工人团体的会议,以便吸引它们加入协会。他去找过乐器制

[①] 列斯纳《国际工人协会的成立》。
[②] 《第一国际总委员会1864—1866》第140页。
[③] 《第一国际总委员会1866—1868》第14页。

第五章 第一国际

造工人、木器雕刻工人联盟、马车制造工人等。①

列斯纳不仅在伦敦各个工人组织里进行工作,还同美国工人,特别是同德国的流亡工人克雷默尔通信,为的是争取国际的拥护者。为了传播国际的思想,列斯纳给克雷默尔寄去了国际总委员会的机关报《蜂房报》以及国际的一些文件。克雷默尔在回信中说,他一定把这些材料送给手工业工人联盟,还说他已经同裁缝联合会的主席谈过此事,此人愿意尽力照办。②

列斯纳在1848—1849年就非常重视《新莱茵报》的传播,同样,现在他又认为传播国际的机关报以及为它撰稿是自己的一项主要任务。他为传播《蜂房报》积极奔走,1865年8月,他和埃卡留斯、克里默等人一起创办了一份新工人报刊——《矿工和工人辩护士报》,这样就可以刊登总委员会的文件和报告了。马克思加入了该报的编辑部。

《先驱》的通讯员和宣传员

在1865年的国际伦敦代表会议上,列斯纳(他是代

---

① 《第一国际总委员会1866—1868》第45、53、56页。
② 1865年6月24日克雷默尔给列斯纳的信。

表之一）认识了在瑞士的国际工人协会德国人支部的组织者约翰·菲利浦·贝克尔。从列斯纳同他的大量往来信件就可以看出，他们保持了多年的友好关系。通过贝克尔，列斯纳终于使年轻的瑞士支部同总委员会建立了联系。

1866年1月1日，约·菲·贝克尔主编的《先驱》杂志开始在日内瓦出版。这是瑞士的国际工人协会德国人支部的机关报。

列斯纳在给贝克尔的信中，对杂志的出版表示热烈欢迎。"我无法用语言来表达我对《先驱》创刊号的内容的热烈赞同。"列斯纳认为，杂志上所发表的文章应当使工人对现代最重大的政治问题感兴趣。[①]

列斯纳立即开始散发《先驱》。他招揽了许多订户，他在每一封信中都高兴地说订户的数目又增加了，还要求再给他寄去一些。许多订户都是伦敦德意志工人教育协会的会员，他们完全赞同新杂志的观点。

列斯纳还设法向在美国的德国工人推销杂志。

列斯纳请求贝克尔广泛宣传伦敦德意志工人教育协会，要他在《先驱》上报道协会的活动和驻地，"这样，

---

① 1866年1月28日列斯纳给贝克尔的信。

第五章 第一国际

到这里来的工人就会来找我们帮助他们脱离那些敌对的庸俗的团体"①。

《先驱》从第二号起，每一号上都刊登伦敦德意志工人教育协会的通讯地址。杂志有系统地发表列斯纳寄给贝克尔的有关协会的材料。贝克尔常常对列斯纳寄的材料表示感谢，还请他就某些事件写文章。例如，他在1866年7月写信给列斯纳，请他写一篇关于英国工人风潮的文章，"让我们知道英国工人终于也多少感染上了革命的病毒"，不再只搞合法的斗争了。②

看一看列斯纳给贝克尔的信的内容，再看一看《先驱》所发表的报道，人们不难看出，关于伦敦的一些事件、关于选举改革、关于伦敦德意志共产主义工人教育协会的许多报道都是根据列斯纳的来信写成的，尽管发表时都没有署他的名字。列斯纳的实践经验有所增长，思想也日益成熟了，因此他在伦敦除了处理日常工作外，还能系统地为《先驱》杂志撰稿，向瑞士工人传播国际的思想。

列斯纳仔细阅读《先驱》，常常提出一些希望和批评性的意见。有一次杂志上谈到一位活动家，误称他是师

① 1866年1月28日列斯纳给贝克尔的信。
② 1866年7月27日贝克尔给列斯纳的信。

傅，而不是工人。列斯纳气愤地写道："此人不是什么师傅，而是一个**雇佣工人**，他在家里为师傅工作。他和我们一样，并不以当师傅为光荣。此人如果是师傅，这也没有什么重大意义，反而是一件错事。因为能代表工人的人往往并不是那些人。工人们越是迅速地离开其他阶级、坚持自己的立场并掌握运动，就越能正确地解决重大问题，就越能完成只有他们自己才能完成的任务。我知道，亲爱的朋友，您会完全同意这一点的……"① 从这封信可以看出，列斯纳十分清楚：必须使工人运动摆脱各种资产阶级和小资产阶级的影响。

当欧洲各国的罢工运动蓬勃开展时，他在1869年3月建议贝克尔："希望《先驱》扩大篇幅，多谈些工人问题。关于每一次罢工，现在哪怕是记述百分之一，其他文章也就无处可登了。"②

1871年，《先驱》由于经费拮据而停刊。列斯纳遗憾地指出，杂志停刊了，人们再也不能清晰地了解各国工人运动的动向了。

---

① 1866年3月4日列斯纳给贝克尔的信。
② 1869年3月1日列斯纳给贝克尔的信。

第五章 第一国际

为英国的选举法改革而斗争

19世纪60年代中期,英国掀起了一场争取选举改革的民主运动,这场群众运动所反对的是大资产阶级和贵族的政治特权。以马克思为首的国际总委员会全力支持这场运动。马克思认为,必须利用这场运动来引导英国工人群众进行政治斗争,促进英国工人阶级的革命化,并在本国建立一个独立的无产阶级政党。马克思认为,取得普选权对于像英国这样一个工人阶级占人口绝大多数的国家是特别重要的。实际上,这就等于为政权过渡到工人阶级手中创造条件。[①]1865年,根据马克思的倡议,建立了改革同盟,它团结了广大工人群众为普选权而斗争。在国际的领导下,这场运动很快就变成了群众性运动。

列斯纳积极参加英国工人争取普选权的斗争,努力实现马克思和总委员会的路线。马克思高度评价英国的这场政治斗争。列斯纳写道:"老实说,普选权在这里不是什么别的,而是革命。"[②]

1866年2月13日,总委员会委派列斯纳作为代表出

[①] 参见《马克思恩格斯全集》第8卷第390—391页。
[②] 1866年12月2日列斯纳给贝克尔的信。

席选举法改革拥护者的代表会议。[①]除了列斯纳,代表团中还有罗伯特·肖、彼得·福克斯、詹姆斯·卡特、霍普金·威廉斯和海尔曼·荣克。代表改革同盟伦敦分部的是格奥尔格·埃卡留斯。

1866年3月5日,列斯纳在给约·菲·贝克尔的信中,详细地汇报了这次代表会议。他写道:"人们的情绪坚定而严肃。在这些优秀代表中,有来自曼彻斯特的格林宁、波尔格,有来自诺定昂的利特尔,有来自新堡的侯里欧克,有来自北明翰的格罗,还有其他许多人,您可以在我们的周报《共和国》上看到。"[②]

代表会议的与会者坚决主张所有居住当地的成年男子应有选举权和不记名投票权。此外,发言者还要求"从几个最大的城市中选派十二名真正的工人参加下院的会议,以便在那里向大会理直气壮地、坚定不移地陈述人民的权利和要求"。这些建议都被代表会议接纳了。

最后,列斯纳在信中说:"总而言之,一切都很顺利。工人的声音越来越响亮,这时即使我们的成就很小或者一无所获,我们也仍然可以肯定地说,决不能使运动停下

---

① 《第一国际总委员会1864—1866》第112页。
② 1866年3月5日列斯纳给贝克尔的信。

第五章 第一国际

来,已经胜利在望了。"①

代表会议后,在圣马丁堂举行的群众大会一致通过了代表会议的决议。②

争取选举改革的斗争日益广泛。改革同盟在伦敦和其他城市组织了规模盛大的群众集会,口号是:争取普选权。工人群众的政治热情十分高涨,他们所要求的也常常不再限于普选权了,对保守党政府的政策也提出了抗议。

列斯纳参加了所有的群众性游行示威。他给约·菲·贝克尔的那封详细报道伦敦情况的信,说明他已看清形势,对资产阶级工联主义的阶级本质也有所了解。"……至于这里的工人运动,应当告诉你,英国人认为它的规模很大。大多数英国工人通过这场运动也觉醒了。唯一令人遗憾的是,领袖们(当然不是所有的领袖)过于温顺,而且还主张一切都按法律办事。他们以为他们一旦离开法律根据,就要失掉权力和荣誉了。"③

1867年7月,《先驱》显然是根据列斯纳的报道写了

---

① 1866年3月5日列斯纳给贝克尔的信。贝克尔把列斯纳写的这些材料刊登在《先驱》1866年3月号第43页上。
② 1866年3月10日《共和国》报第8版。
③ 1866年8月6日列斯纳给贝克尔的信。

这样一段话:"据说,自从英国工人阶级开展争取改革选举法的斗争以来,革命的倾向越来越明显了。"①

1866年7月,改革同盟为了反映人民对保守党政府的不满,为了反映工人对改革选举法的坚决要求,在海德公园组织了大规模的游行示威。关于这件事,列斯纳给贝克尔写道:"7月23日星期一,这里将举行一次大规模的示威游行,这是自1848年4月10日以来从未有过的。"②果然,海德公园的示威游行规模空前宏大,参加者近7万人。人们群情激昂,但是改革同盟的领导人并不能领导群众。

列斯纳气愤地记述那一天在海德公园所发生的事件。"那确实是一次行动的好时机,要想把那天坚决要占领公园的工人群众再聚集起来,就不那么容易了。这只有当场目睹万头攒动的人群的人才能相信。本来可以向群众号召成立他们所向往的共和国。遗憾的是,人民准备行动,却没有领导人;而有了领导人,又没有人民。"③列斯纳的不满也是有道理的。改革同盟主席艾德蒙·比耳斯这位资产

---

① 《先驱》1866年7月号第100页。
② 1866年7月16日列斯纳给贝克尔的信。
③ 1866年8月6日列斯纳给贝克尔的信。

第五章 第一国际

阶级激进派和其他一些领导人不鼓励人民去斗争，反而号召大家不要有任何一点暴力行动。于是，出现了自发的行动。在一些地方，工人们用铁棍赶走了警察，砸毁了公园的篱笆，冲进了公园，就在公园里举行了群众大会，通过了反对保守党政府的决议。

海德公园里的骚动持续了三天，一天比一天激烈，很有可能变成一场起义。以改革同盟为首的资产阶级激进派和支持他们的工联领袖很快就同政府达成了协议。比耳斯建议内务大臣沃尔波尔共同恢复和平安定的局面。

列斯纳在给贝克尔的信中写道："可以肯定地说，在7月23日这个具有重大意义的一天，领袖们完全让人民听天由命了。"事件清楚地表明，"改革运动的领袖很不称职"。[①] 改革同盟没有为人民的利益利用这种革命形势，反而竭力消除它可能产生的结果。总委员会委员们既没能克服改革同盟的资产阶级领导的影响，也没能把群众引导到自己方面来。

马克思很关心海德公园的事件，四天以后，写信给恩格斯说："在此间，政府差一点引发了一场暴动。英国人当

---

① 1866年8月6日列斯纳给贝克尔的信。

然首先需要革命教育……毫无疑问，这些固执的、脑袋几乎是专门为警棍而长的约翰牛，要是不和统治者发生一场真正的流血冲突，是什么也得不到的。"① 列斯纳对选举改革的斗争的结局说得也很清楚。他在1866年12月给贝克尔的信中写道："参加争取普选权斗争的英国工人不可避免地要受到资产阶级的欺骗，他们的领袖，除了少数人，都是一些保皇党人和鼠目寸光的庸人。"②

由此可见，列斯纳的看法同马克思和恩格斯的看法完全一致。他认为，造成英国工人运动失败的原因是英国工联领袖们的机会主义。国际的英国会员的重要任务就是要揭露他们的叛卖立场，向英国工人宣传科学共产主义的思想。

7月23日海德公园的群众大会以后，群众性的改革运动并未停息，列斯纳定期向贝克尔报道事态的发展。1866年12月5日，列斯纳给他寄去一份报道，详细记述了12月3日有7万人参加的示威游行。"游行的规模十分宏大。陆续参加的工人数量很多，而旁观者——大多数是同情者——却超过了10倍。游行持续了近两个小时，真

---

① 《马克思恩格斯全集》第31卷第245—246页。
② 1866年12月2日列斯纳给贝克尔的信。

第五章 第一国际

是人山人海，6个人并排就很难走了。可惜天公不作美，当工人走到设有7个讲坛的广场时，下起了倾盆大雨。尽管如此，在规定的时间内，没有一个人离开。总而言之，这次示威游行是平静的。"①

1867年1月15日，总委员会委派列斯纳和另外4名代表出席改革同盟和工联伦敦理事会的联席会议。鉴于议会要召开例会讨论新的改革法案，联席会议将讨论联合游行的计划。游行定于2月11日举行。总委员会指派列斯纳、福克斯、拉法格、杜邦和肖参加这次游行。②

在争取改革的整个时期，列斯纳积极参加斗争，联系英国工人，出席许多会议，在执行总委员会的指示时，竭力吸引英国工人加入国际，使他们回到政治斗争的道路上。但是，有些领导人并不同意国际总委员会所坚持的普选权的要求，他常常受到他们的机会主义的干扰和限制。在这期间，列斯纳给贝克尔写过一些信，主要谈的是他对

---

① 1866年12月5日列斯纳给贝克尔的信。列斯纳这篇报道由贝克尔全文发表于1866年12月《先驱》"协会发展动态"栏，并加了这样一段按语："以下这篇关于本月3日的伦敦工人盛大游行报道，是我们的一位德国工人在本月5日写的。"

② 《第一国际总委员会1866—1868》第51、55页。

斗争的结果有些怀疑。①1867年4月8日，列斯纳写道："……改革运动终于接近尾声了……这说明工人们不会得到什么东西，因为在这一届议会，这是不可能的。这最后一次的骗局也许使工人觉醒，使他们明白，只用和平的方法，他们永远得不到任何东西。"②

列斯纳的忧虑是有根据的。由于工联改良主义领袖们采取妥协的政策，在1867年8月群众运动压力下进行的这场选举改革就草草收场了。捞到政治权利的只是工人阶级的上层即工人贵族。

根据1867年的选举改革进行的1868年的选举，自由派获得了压倒的多数。

虽然英国工人争取普选权的斗争没有达到目的，但是这场斗争对于提高工人的阶级觉悟很有好处。在英国工人运动中，不断传播国际思想的忠诚战士列斯纳，为这场斗争作出了自己的贡献。

争取被压迫人民的自由

国际的主要任务之一就是对工人阶级进行无产阶级国

---

① 1866年2月1日列斯纳给贝克尔的信。
② 1867年4月8日列斯纳给贝克尔的信。

第五章　第一国际

际主义原则的教育。总委员会的会议经常讨论如何声援被压迫民族的民族解放运动，首先是声援波兰和爱尔兰的独立斗争。

列斯纳写道："总委员会在1865年这段时期的会议上，除了讨论组织问题和工人问题，争论最热烈的就是波兰局势问题了。马克思是波兰人的伟大朋友，他不厌其烦地给我们讲解波兰自由独立的意义。"①

马克思非常重视波兰的民族解放运动，认为它是一支革命力量，能够给沙皇制度以沉重打击，加速俄国革命运动的发展，促进欧洲社会革命的胜利。1865年3月1日，在纪念1863年波兰起义的群众大会上，曾经通过以国际名义提出一项决议："完整和独立的波兰是民主欧洲存在的必不可少的条件。"②1867年1月22日群众大会的决议是："没有波兰的独立，欧洲的自由就不能确立。"③

列斯纳是始终帮助马克思贯彻这条路线的总委员会委员之一。他多次同那些不主张支持民族解放运动的蒲鲁东

---

① 列斯纳《一八四八年前后》，载《德意志言论》1898年第4册第157页。
② 《马克思恩格斯全集》第21卷第106页。
③ 《第一国际总委员会1866—1868》第117页。

主义者辩论，并在许多会议和群众集会上发言。

1867年，国际总委员会开展维护芬尼亚社社员的运动。芬尼亚社社员是一批爱尔兰革命者，他们在19世纪60年代初创立了一个组织，名字叫"爱尔兰革命兄弟会"，为争取爱尔兰民族独立进行了斗争。列斯纳后来在回忆录中写道："我们，国际工人协会的代表，早在英国工人想到维护他们以前，就维护他们了。"① 马克思和恩格斯非常同情爱尔兰革命者的奋不顾身的斗争，他们认为，必须激发英国工人的阶级觉悟，因为只有爱尔兰民族得到解放，他们才能得到社会解放，马克思写道："奴役其他民族的民族是在为自身锻造镣铐。"②

1867年11月12日，列斯纳在总委员会会议上支持荣克提出的关于讨论爱尔兰问题的建议。③ 这次讨论必须进行，因为英国当局判处了四名芬尼亚社社员的死刑。国际应当公开声明对爱尔兰革命者的支持。列斯纳、荣克、杜邦、鲁克拉夫特和总委员会其他委员都积极参加了连续几次的讨论会。列斯纳指出：最近二十年，由于英国的

---

① 列斯纳《生平札记》。
② 《马克思恩格斯全集》第16卷第474页。
③ 《第一国际总委员会1866—1868》第117页。

第五章 第一国际

政策，爱尔兰居民从800万人减少到550万人，居民人数这样急剧地减少，妨碍迅速衰退的爱尔兰的今后发展。这个事实使爱尔兰人有权"奋起抗击那些把他们赶出家园的人"。①

1867年11月20日，这个问题在总委员会的特别会议上又讨论了一次，通过了一份致内务大臣的意见书。要求撤销对芬尼亚社社员的死刑判决。

爱尔兰问题越来越引人注目，英国和整个欧洲的进步人士都关切地注视着爱尔兰革命者的斗争。马克思的大女儿燕妮用"约·威廉斯"这个笔名在法文报纸《马赛曲报》上发表了几篇措辞勇敢、旗帜鲜明的文章，起了不小的作用。文章揭露了关押芬尼亚社社员的英国监狱的恶劣条件。列斯纳热情称赞这些文章。他认为，这些文章可惜没有登在英国的报刊上。他写道："不幸的爱尔兰人应该知道，有这样一些出色的辩护人在替他们说话。我非常了解您善良的动机，我知道您这样做不是为了荣誉，而是为了事业，因为摩尔的一家人总是这样的。"②

---

① 《第一国际总委员会1866—1868》第118页。
② 1870年4月4日列斯纳给马克思女儿燕妮的信。

维护本阶级的共同利益
——这是光荣的事业

1866年,英国发生了严重的经济危机。许多大企业破产倒闭。食品,尤其是面包,价格猛涨,工人的工资被缩减,成千上万的工人失业,罢工频繁。国际支持罢工运动,抵制外籍工人的输入,并通过募捐给予直接的帮助。国际在这方面的活动进一步扩大了它对群众的影响。这些活动列斯纳是全力以赴的。

1866年3月底,在爱丁堡爆发了缝纫工人的罢工。为了对付提高工资的要求,一些大缝纫作坊主宣布同盟歇业,同时派遣代理人到大陆各地招募裁缝帮工。这时伦敦缝纫工人也开始罢工了。国际总委员会立即对罢工者表示声援。法国支部书记和比利时支部书记在比利时、法国和瑞士的报刊上发表公开信,阐明为什么缝纫工人不应当到英国去工作。

不久,人们都知道企业主还是从德国把一批缝纫工人运到爱丁堡,利用他们来充当裁缝帮工。列斯纳在1866年5月1日总委员会的会议上报告了这件事,他也担心有人会把裁缝帮工运到伦敦来。他还说,伦敦的德国裁缝

第五章 第一国际

已成立了一个声援罢工者委员会，希望同总委员会联合行动，以粉碎企业主及其在德国活动的代理人的计划。①

1866年5月3日，这个委员会的主席列斯纳和书记豪费给马克思写信，请他"写一篇致德国缝纫工人的简短呼吁书，发表在一家工人办的德文报纸上，如有可能，给我们寄几份来"②。第二天，马克思就写了致德国裁缝工人的呼吁书《警告》，发表在许多德文报纸上。马克思利用列斯纳提供的事实，阐明输入裁缝帮工的目的就是要使奴隶制万古长存，英国资本家要是占了便宜，德国工人就会因此而更加受苦，因为德国工人在英国已经为数不少，外来的工人同样也会很快沦为贱民。马克思在他的呼吁书《警告》中最后写道："向国外证明德国工人他们也像自己的法国、比利时和瑞士兄弟们一样，能够维护本阶级的共同利益，而不会在资本反对劳动的斗争中充当资本的顺从的雇佣兵，对德国工人来说，是关乎荣誉的事情。"③

与此同时，在伦敦发出了列斯纳和豪费写给德国裁缝的传单，阐明了声援罢工裁缝的伦敦德国裁缝委员会的宗

---

① 《第一国际总委员会1864—1866》第129页。
② 1866年5月3日列斯纳和豪费给马克思的信。
③ 《马克思恩格斯全集》第21卷第234页。

旨和任务,并号召给罢工者以物质援助。①

这篇传单的文稿,列斯纳曾征得马克思的同意。②

总委员会的声援颇有成效。被招募来的外籍工人终于被说服不再受雇去代替罢工的英国人了。在这种情况下,总委员会也必须关心他们的劳动安置,为他筹措返回祖国的路费。

国际对这次罢工的干预,大大地提高了它在英国缝纫工人中的威望。他们都觉得它的确是一支能够维护他们利益的力量。后来,列斯纳回忆说:这次罢工"不论对我,还是对别的工人来说,都是一次很好的教育","彻底摆脱资本的压迫不是一个国家的问题,而是国际的问题"。③

这几年的群众鼓动工作也并不轻松。总委员会的英国委员忙于选举改革的斗争,无人去做日常的组织工作。此外,工人的阶级觉悟提高得很慢,虽然列斯纳已经对他们做了不少鼓动工作。所以,他在给贝克尔的信中也常有怨言:"这里的工人仍然醉心于烦琐小事,他们还不能理解他

---

① 《海尔曼》(伦敦) 1866 年 5 月 5 日。
② 1866 年 5 月 2 日列斯纳给马克思的信。
③ 列斯纳《生平札记》。

第五章 第一国际

们应当关心那些重大的主要问题……你根本想不到,要在伦敦千万个工人中间保持那么几个人的团结有多么困难。要在这里散发几期《先驱》又是多么费劲啊!"①

尽管如此,列斯纳并没有灰心丧气,仍然相信他所从事的事业一定会胜利。他一再说,工人运动需要有一个精干的指挥部才能取得胜利,"需要一批有实干精神的优秀的领袖,并不需要那些可恶的饶舌家,当敌人手持武器时,他们总想用合法的手段来处理一切。"②

1867年1月,巴黎的铜器工人开始罢工。国际总委员会非常关心这件事。列斯纳是伦敦各工会为罢工者募捐的常设机构的成员。在这个机构里,除了列斯纳,还有马克思、荣克、拉法格、杜邦、范雷伊恩、科勒、扎比斯基、埃卡留斯、卡特。③总委员会代表们在英国工联的积极活动和他们所募捐的资金,对巴黎这次罢工的顺利进展起了重大作用。

实际上每次罢工斗争,不管大小,列斯纳总要参加,或者是进行宣传,或者是组织物质援助。1868年春天,在

---

① 1867年10月17日列斯纳给贝克尔的信。
② 1867年10月17日列斯纳给贝克尔的信。
③ 《第一国际总委员会1866—1868》第53页。

日内瓦建筑工人罢工期间,他在伦敦德国工人中为罢工者组织了募捐。[1]

1869年是欧洲各国罢工运动蓬勃高涨的一年,劳动和资本之间的斗争日益尖锐,而且还时常发生武装冲突。如威尔士采煤工人和诺曼底纺织工人都举行了罢工;比利时煤矿工人罢工遭到镇压;在巴塞尔,染丝工人和制带工人被解雇。

总委员会密切注视群众性工人运动的新动向,积极参加他们的活动,尽力给以实际的帮助。列斯纳总是积极拥护国际的这一政策。

1869年2月,他在写给约·菲·贝克尔的信中责怪巴塞尔的罢工工人没有及时把事态的情况向总委员会汇报。本来早就应该采取援助措施的,如今英国失业现象严重,钱又不多,这是短期内很难办到的。他写道:"不过,你尽可放心,即使如此,凡是能办到的事将立即去办,因为这是一件大事。"[2] 不久,他又写道:"给巴塞尔人的拨款已经以总委员会的名义寄出了。"[3] 后来,在国际巴塞尔代

---

[1] 参见1868年4月12日列斯纳给贝克尔的信。
[2] 1869年2月4日列斯纳给贝克尔的信。
[3] 1869年3月11日列斯纳给贝克尔的信。

第五章　第一国际

表大会上，巴塞尔支部领导人布律安感谢国际在同盟歇业期间给他们的援助。①

1869年5月，列斯纳为日内瓦罢工的建筑工人募捐。1871年春天，他为佩斯罢工的裁缝工人筹款，1871年8月又为开姆尼茨罢工工人募捐。②

国际积极参加罢工运动，有助于巩固它在群众中的威望，使国际会员的数量不断增长。恩格斯在给列斯纳的一封信中，谈到了工人运动的重大功绩："你说得对，事情的进展比任何时候都好；好多年以前，当愚蠢的民主派坏蛋们埋怨反动势力，埋怨人民对他们冷漠的时候，我们，摩尔和我，在这一反动时期就预见到了近十八年的巨大的工业发展，并且指出这一发展的结果将是劳动和资本的矛盾尖锐化以及更加激烈的阶级斗争，那时我们也是对的。"③

对于列斯纳这样一些人的活动的意义，恩格斯深有所知，这些人在组织工人阶级方面，工作虽然平凡，但又是非常必要的。

---

① 《第一国际巴塞尔代表大会》1934年莫斯科版第32页。
② 参见1871年8月8日列斯纳给马克思的信。
③ 《马克思恩格斯全集》第32卷第587页。

列斯纳以自己忘我的、不懈的工作在英国工人中间赢得了应有的尊敬。他作为总委员会委员、伦敦德意志工人教育协会的积极活动家,在德国工人和英国工人中间有很高的威望。1869年4月,国际佐林根支部声称,他们要用他的照片来装饰支部的办公室。① 恩格斯给列斯纳写道:"……和你这样的老同志在同一个战场上为反对同一个敌人而共同战斗,我将永远感到高兴。"②

列斯纳在组织援助各国罢工工人的同时,利用一切机会向他们宣传国际工人协会和它的纲领。列斯纳经常向他们提出,罢工并不是斗争的主要目的,绝不能只限于在经济方面提出要求,而要争取由无产阶级来掌握政权。他提醒贝克尔,要他在《先驱》上阐明工人运动的目的:"工人应该明白,罢工只能处于从属地位,罢工能够是并且应该是组织工人的一种手段。"③

1869年,列斯纳作为国际德国人支部的代表和佐林根钢铁工人联合会的代表,出席伦敦合作制代表大会。列斯纳在给贝克尔的信中说,在这次代表大会上,工人代表

---

① 1869年4月6日莫尔给马克思的信。
② 《马克思恩格斯全集》第32卷第587页。
③ 1869年3月11日列斯纳给贝克尔的信。

很少，大多数是主张同资本妥协的资产阶级代表。

费了不少事，列斯纳总算得到了一个发言的机会。他在发言中抗议关于建立贷款银行的建议，因为这实际上是引导工人脱离政治的手段。那些主张办贷款银行的人表达了资产阶级的观点，资产阶级总是力图用自己的思想来影响并毒害工人运动，使工人运动顺从资本主义。列斯纳的发言得到了代表大会的许多工人代表的热烈赞同。最后，列斯纳在总结这次代表大会的成果时指出，反映工人利益的要求一项也没有达到。①

在国际代表大会和代表会议上维护马克思的路线

列斯纳是国际各届代表大会和代表会议的代表（除1866年日内瓦代表大会）。在这些会议上，他坚定不移地捍卫协会的原则，执行马克思的路线，在马克思的直接领导下，执行他的指示和建议。

在国际工人协会中，马克思及其战友首先迎战的思想敌人就是蒲鲁东主义。蒲鲁东主义者的基本观点是：拒绝政治斗争，否认工人阶级和资产阶级的利害冲突，用和

---

① 1869年6月16日列斯纳给贝克尔的信。

平方式改造资产阶级社会，美化小生产和小私有制，对罢工、工会和民族解放运动持否定态度。在小生产大量存在的国家，例如法国、比利时和许多罗曼语区国家，蒲鲁东主义的小资产阶级意识还是很有人赏识的。蒲鲁东主义者的影响阻碍无产阶级力量的联合，引导工人脱离阶级斗争，让他们形成一种幻想：似乎用和平改良的方法就能摆脱资本主义的奴役。

国际1866年日内瓦代表大会成了蒲鲁东主义同马克思主义第一次交锋的战场。

由于国际总委员会的几位英国委员忙于选举改革运动，就把即将举行的应届代表大会的组织筹备工作交给了以列斯纳为首的伦敦德意志工人教育协会，交给了荣克、杜邦这些非英国籍的委员。这时马克思正在患病，事情就更加难办了。然而，列斯纳仍然寄希望于马克思："也许，我们的马克思又会走上他的岗位，那时我们就会很有信心了，当需要我们说话的时候，我们就会说该说的话，当需要我们行动的时候，该做的工作也将做好。"[①] 实际上，马克思非常关心这次代表大会的筹备工作，根据议事日程为

---

① 1866年4月5日列斯纳给贝克尔的信。

第五章　第一国际

总委员会代表详细地起草了《临时中央委员会就若干问题给代表的指示》(以下简称《指示》)。

卡特、奥哲尔、埃卡留斯和荣克被指派参加定于1866年9月3日举行的代表大会。由于经费不足,列斯纳没能去参加代表大会。马克思忙于写作《资本论》第一卷,也没有去参加。列斯纳对此感到非常遗憾。不过,他相信,大会将会顺利进行,因为筹备工作是很细致的。①

蒲鲁东主义者在代表大会上就所有的问题发表了自己的观点:反对罢工,反对组织工会,反对缩短工作日,主张用和平手段解放无产阶级,等等。大多数的代表并不支持他们。经过激烈的斗争,蒲鲁东主义者的建议都被否决,马克思的《指示》的主要论点就成了日内瓦代表大会的决议。代表大会的各项决议是马克思主义纲领原则和组织原则的胜利。

但是斗争并未结束,在1867年9月举行的国际洛桑代表大会上继续进行。列斯纳作为伦敦德意志工人共产主义教育协会的代表出席了这次大会。他详细地向马克思报告了大会的进程。②

---

① 1866年7月30日列斯纳给贝克尔的信。
② 1867年9月5日列斯纳给马克思的信。

在代表大会上,列斯纳同埃卡留斯和马克思的其他战友在一起,同蒲鲁东主义者进行了坚决的斗争。占据多数的蒲鲁东主义者,竭力转移人们对主要问题的注意力。在讨论议事日程时,列斯纳的发言激昂慷慨,他坚决抗议蒲鲁东主义者企图用一些次要问题,例如,儿童教育或改革正字法与语音学来吸引代表们的注意力。①

蒲鲁东主义者强迫代表大会讨论信贷问题。他们认为,组织互助信贷,建立国家银行来提供无息贷款,是无产阶级解放的基础。列斯纳就这个问题作了长篇发言。他说,如果储蓄银行也像在英国那样由政府掌握,那就是很大的灾难。因为这种银行将会变成资产阶级的驯服工具,工人将会担心一旦推翻了政府就会失掉自己的储蓄。"一向以自由派自诩的格莱斯顿先生大概知道,当他建立政府储蓄银行时,他做的是一件什么事;他知道,这样他就能把工人牢牢地拴在国家的马车上。"②

列斯纳还积极参加关于土地集体所有制的问题的激烈辩论。蒲鲁东主义者说,土地只是个人财产。列斯纳、埃卡留斯、施土姆普弗、贝克尔和德国代表团的其他代

---

① 《先驱》1867年12月号第184页。
② 《先驱》1868年2月号第22页。

第五章 第一国际

表——他们都是马克思的学生和老战友——坚决主张土地集体所有制。[①]列斯纳指出,大资本使工业工人和农业工人一贫如洗,把全部生产工具都集中在少数人手中,这样,使群众不能满足自己的生活要求。

这次辩论并没有结束。关于集体所有制问题,决定下一次代表大会再讨论。

尽管蒲鲁东主义者在这次代表大会上占据了多数,提出了一系列混乱不清的建议,但是在主要问题上毕竟未能取得胜利。尽管蒲鲁东主义者贬低政治斗争,可是在洛桑代表大会上却通过了这样一项决议:"劳动人民的社会解放是同他们的政治解放分不开的。"

这项决议强调这个问题对工人阶级的重要意义,在国际后来的历史上也起了重大作用。蒲鲁东主义者也始终未能改变总委员会的成员,也未能把它迁移到别的国家。重新选出的总委员会还是原班人马,它的驻地再一次确定设在伦敦。[②]

代表大会批准了总委员会提出的关于正式会员每年交纳会费10个生丁的建议。列斯纳写信告诉马克思,这些

[①] 《先驱》1868年4月号第61页。
[②] 《先驱》1868年2月号第18页。

蒲鲁东主义者"如果不交会费，就设法开除他们。在这个问题上我们已经击败了他们"[1]。

代表大会之后不久，列斯纳出席了伦敦新选出的总委员会会议，听取代表们的报告。总委员会决定向列斯纳表示感谢。[2]

布鲁塞尔代表大会的筹备工作已经提早开始了，总委员会决心在这次代表大会上狠狠地打击蒲鲁东主义者。

总委员会因受物质条件所限，只能派三名代表出席代表大会。他们是埃卡留斯、杜邦和肖。伦敦德意志工人教育协会也由于缺乏经费无法派出自己的代表，决定发表一份告伦敦德国工人书。告德国工人书是由列斯纳起草，马克思修改的[3]，其中提到布鲁塞尔代表大会即将召开，总委员会将把讨论的问题提交代表大会："如果在目前这种动荡的时刻，数以千计的伦敦德国工人中间对本阶级没有足够的利益没有足够的共同认识来保证自己有代表出席布鲁塞尔代表大会，那将是可耻的。"[4]

---

[1] 1867年9月7日列斯纳给马克思的信。
[2] 1867年9月28日《蜂房报》。
[3] 《马克思恩格斯全集》第32卷第545页。
[4] 《马克思恩格斯全集》第21卷第591页。

第五章　第一国际

列斯纳用捐款作路费到了布鲁塞尔。

代表大会于1868年9月6—13日举行。马克思没有出席,他起草的总委员会的报告被用三种语言向代表们宣读。列斯纳宣读的是一份德语文本,代表大会的主要目的是彻底消除蒲鲁东主义的影响。马克思对掌握代表大会方向的总委员会委员列斯纳和埃卡留斯就代表大会日程上的问题(例如,关于战争问题,关于互助信贷问题),作了许多重要的策略指示。①

列斯纳积极参加代表大会的工作,就许多问题作了发言。列斯纳在一次讨论机器对工人状况的影响问题的会议上发表了演说。他说,本来可以减轻人们的劳动的机器,一旦掌握在资本家手中,就会变成工人的凶恶的敌人,因为资本家为了追逐暴利,追逐更廉价的劳动力,就会用女工和童工取代男工的劳动。这就造成失业和对童工的残酷剥削,穷人就会越来越穷。他接着还说,必须让工人把机器掌握在自己手里。要是实现了这一点,每一个人就能充分发挥自己的才能,机器就会为社会造福。应当反对的不是机器,而是现存的社会组织。②

---

① 《马克思恩格斯全集》第32卷第546—547页。
② 1868年9月14日《泰晤士报》。

列斯纳在这篇演说中再一次提到了总委员会在1867年7—8月讨论这个问题时所发生的争论。[①] 列斯纳在代表大会上宣传马克思的思想。为了更有说服力，他引证了在这段时期认真研究过的《资本论》。他在给马克思的一封信中写道，在宣读《资本论》的引文时，掌声四起。《每日新闻》的一位记者也来找他询问书名和他所引用的章节。列斯纳还责怪埃卡留斯，说他在《泰晤士报》上发表代表大会的通讯时，一个字也没提到《资本论》。[②]

由于列斯纳和马克思的其他战友的努力，代表大会通过了总委员会关于机器的决议。但是，决议的开头部分还是按照蒲鲁东主义者的精神修改了，尽管德国和英国代表一再抗议。

代表大会又讨论了土地所有制问题。蒲鲁东主义者托伦和龙格硬说，私有制有利于发挥个人自由，可是集体所有制则造成对个人的压制。他们认为，建立"交换银行"就能解决这个社会问题了。蒲鲁东主义者明知自己的建议在布鲁塞尔绝不会被接受，他们坚持在下一次代表大会上一定要讨论这个问题。

[①] 《第一国际总委员会 1866—1868》第 163、168、171 页。
[②] 1868 年 9 月 11 日列斯纳给马克思的信。

第五章　第一国际

列斯纳坚决反对这样往后拖延。他指出，这个问题在上一次代表大会上已经作过认真讨论，大家都对这个问题表示了明确的意见，再过一年，双方也不会有什么新的论点。① 在长时间的激烈争论中，列斯纳捍卫了集体所有制。最后，以30票多数赞成，4票反对、15票弃权通过了关于废除土地私有制、代之以集体所有制的决议。

这对蒲鲁东主义者是一次沉重的打击，从此，他们再也无法恢复元气了。

根据列斯纳的倡议，德国代表团建议布鲁塞尔代表大会通过关于马克思《资本论》的特别决议案，要指出这部著作对世界工人运动的意义，希望人们把它译成其他各种文字。② 这项决议被一致通过了。

列斯纳不仅积极参加代表大会的工作，就最重要和最尖锐的问题发表意见，坚决执行马克思的路线，还及时向马克思报告代表大会的进程。1868年9月13日，他在给燕妮·马克思的信中写道："您从附上的材料可以看出我做了多少工作，至于花费了多少精力，这一点以后再

---

① 1868年9月14日《泰晤士报》。
② 1868年9月13日列斯纳给马克思的信。

说……"① 列斯纳的这些详细信件清晰地记述了代表大会上所发生的一切,揭示了斗争的内幕,直到今天仍然是对代表大会简短记录的重要补充。

从布鲁塞尔代表大会回来之后,列斯纳在总委员会会议上作了报告。②

这次代表大会以后,1868年底是列斯纳一生中十分艰难的时刻。他的29岁的年轻妻子因肺病逝世了。因为他既没有工作,又没有钱,他无法减轻妻子的痛苦。在他们共同生活的十年间,他的妻子一直是他的忠诚的伴侣,她同他志同道合,一心一意地关心他的精神生活。③列斯纳悲痛欲绝,甚至想要到巴西去。④ 由于朋友们的帮助,再加上他生性乐观,他总算克服了悲痛和生活上的困苦。

1869年10月,列斯纳同玛丽·布莱登巴赫结婚。他们共同生活了多年。她是一位有胆识的妇女。这一大家子

---

① 1868年9月13日列斯纳给燕妮·马克思的信。
② 《第一国际总委员会1868—1870》第6页。
③ 列斯纳《一八四八年前后》,载《德意志言论》1898年第5册第202页。
④ 参见1869年6月2日马克思给女儿燕妮的信,载《马克思恩格斯全集》第32卷第192、301、599页。

能够活下来应当归功于她。玛丽在为生存而奔波的磨难中不辞劳苦，从未失去勇气。

国际巴塞尔代表大会于1869年9月举行。这次代表大会是马克思主义同新的敌对派别——巴枯宁主义——较量的战场。列斯纳又一次作为伦敦德意志工人教育协会的代表出席了这次代表大会。[①] 在代表大会上，总委员会代表团（阿普尔加思、埃卡留斯、荣克、鲁克拉夫特、斯特普尼）的活动，包括列斯纳的活动，都是在马克思的领导下进行的。

关于土地所有制问题，由于有人反对布鲁塞尔决议，又被提到巴塞尔代表大会上讨论了。列斯纳积极参加巴塞尔代表大会土地问题委员会的工作。

坚持土地私有制的蒲鲁东主义者被彻底击败。绝大多数的代表都拥护集体所有制。列斯纳也对这个问题作了发言。他说："……大农业经济比小农经济无比优越。不过，目前它所带来的好处全部落入了少数人的腰包……科学已经解决了这个问题，而且解决得有利于土地公有制。"[②]

---

① 《巴塞尔代表大会……》第78页。
② 《巴塞尔代表大会……》第49页。

"社会有权废除土地私有制并变为公有制"的决议，以54票通过。这样，蒲鲁东主义在国际中就被彻底击溃了。

工会问题是代表大会所讨论的重要问题。为了保卫工人阶级的共同利益，大会决定建立各行各业的全国工人联盟。列斯纳在讨论这个问题时说："工会在任何时候也不能成为现代运动的目标，而只能是手段。废除雇佣劳动才是目的。"[①]这段话反映了马克思在这个问题上的立场，马克思坚决反对那些工联主义代表，因为他们企图把工人运动的任务局限于争取工人的日常经济需求，而忘记了工人阶级的共同的根本利益，也就是说，忘记了必须消灭生产资料私有制。

在马克思为国际的革命无产阶级路线的斗争中，巴塞尔代表大会是一个重要的分水岭。在同蒲鲁东主义斗争时期，所有制问题和作为工人阶级目的的社会主义问题是主要问题。巴塞尔代表大会一开始，关于工人阶级政治斗争的必要性、关于应当集中领导这个斗争的无产阶级政党、关于无产阶级专政（没有它就不可能建成社会主义社会）

---

① 《巴塞尔代表大会……》第70页。

第五章 第一国际

等问题就成为主要问题。这时马克思的对手是巴枯宁主义者。

巴枯宁主义作为一股思潮，反映了日益贫困的小私有者的意识形态。它不主张工人阶级参加政治斗争，认为不必建立无产阶级政党，同时还反对一切国家形式。它与蒲鲁东主义不同，它表面上高喊阶级平等、社会清算这些假革命的词句，迷惑了不少不够成熟的工人运动的活动家。这也正是巴枯宁主义的最大危害。

在讨论接纳巴枯宁的同盟加入协会时，总委员会指出，同盟所提出的各阶级平等的要求是错误的，是同国际工人协会的总路线相抵触的。"各阶级的平等，照字面上理解，就是资产阶级社会主义者所拼命鼓吹的'**资本和劳动的协调**'。**不是各阶级的平等**——这是谬论，实际上是做不到的——相反的是**消灭阶级**，这才是无产阶级运动的真正秘密，也是国际工人协会的伟大目标。"[①]

1868年秋，当巴枯宁创立他的社会主义民主同盟时，列斯纳对他的态度就已经十分明确了。列斯纳在给当时支持巴枯宁的约·菲·贝克尔的信中写道："你爱怎么做，就

[①] 《马克思恩格斯全集》第16卷第394页。

可以怎么做，但是建立这样一个新的党绝不是一个令人高兴的现象。"①

巴枯宁蓄意要夺取国际的领导权。1868年12月，总委员会分析了巴枯宁要求国际工人协会接纳他的同盟成员的声明。人们建议巴枯宁，解散同盟这个独立的组织，同盟的成员应当作为普通的支部加入国际。巴枯宁表面上同意总委员会的决定，实际上他在国际里还保留了自己的组织，打算从国际内部来进行破坏活动。

列斯纳从巴塞尔代表大会写信告诉马克思："在昨天下午的会上，关于苏黎世人的问题，爆发了一场激烈的辩论。巴枯宁趁此机会表现了他对政治行动的怨恨，李卜克内西和里廷豪森等人竭力敷衍。会后仍然暴跳如雷，活像一头野性发作的狮子……你没有出席会议，真是我们从未受到的巨大损失……大多数人还相信你会来的，尽管我一开始就说，最近你身体不太舒服，为总委员会的事忙得不可开交。看来，对一个小小的巴枯宁、戈克，竟没有人挺身而出，同他辩论一番。"②

在代表大会开会期间，列斯纳、埃卡留斯和总委员会

---

① 1869年2月4日列斯纳给贝克尔的信。
② 1869年9月7日列斯纳给马克思的信。

第五章 第一国际

其他委员在一起，每天晚上都在巴塞尔组织工人会议，宣传国际的原则。埃卡留斯在发言中指出："晚间的集会就像代表大会的会议一样，产生了很大的精神影响。"①

巴塞尔代表大会的决议引起全世界的广泛反响，广大的无产阶级群众又活跃起来了。

正像《先驱》所报道的，整个英国，苏格兰、爱尔兰到处都有人高喊："土地属于人民！"② 在1869年10月13日伦敦群众大会上，根据总委员会的倡议，成立了土地和劳动同盟，它在纲领中提出了土地国有化、直接用累进税代替各种赋税、缩短工作日、实行普选权等要求。马克思在1869年10月30日给恩格斯的信中，谈到了代表大会的意义，他指出，土地与劳动同盟的建立是巴塞尔代表大会的成果之一，在它的帮助下，将使"工人政党完全脱离资产阶级"。③

关于把土地变为公有财产的巴塞尔决议，向全世界表明了国际的真正共产主义的性质。

瑞士、意大利、西班牙的许多工人团体，在这次代表

---

① 《第一国际总委员会1868—1870》第107页。
② 《先驱》1870年1月号第14页。
③ 《马克思恩格斯全集》第32卷第361页。

大会之后，纷纷宣布加入国际。协会在各国的影响日益增长。法国、比利时的工人运动有了迅速发展，奥地利的秘密团体、荷兰的工人组织也都有增长。在日内瓦成立了由革命的青年组成的国际俄国支部，这些青年在反对巴枯宁主义的斗争中曾经帮助了马克思。根据这个支部的请求，马克思在总委员会中担任了它的代表。

第一国际时期的伦敦德意志工人教育协会

如果说列斯纳在英国工人运动中主要是组织工人阶级的经济斗争，那么在伦敦德意志工人教育协会里，他主要是宣传科学共产主义思想。当工人教育协会成为国际的支部后，他成了该协会和总委员会的联系人。

1866年3月，伦敦教育协会迁移到干草市场附近的鲁贝特街40号。还像从前一样，每星期三晚上举行一次政治和社会问题讨论会。星期日晚上举行一次友谊恳谈会。① 当时，列斯纳备受尊敬，也有威望。经常以工人运动的老战士的身份作报告。他讲述协会的光荣传统，它过去和现在对工人的影响。他说，这样的时刻终于来到了：

---

① 《先驱》1866年3月号第48页。

第五章　第一国际

工人不仅应该在理论讨论中坚持自己的要求,还应该参加国家的管理。

1866年6月,列斯纳作为协会的主席,在为纪念1848年巴黎六月起义参加者而隆重举行的传统集会上发表了讲话。各国的工人代表都出席了这次大会。他谈到了巴黎无产者的英勇斗争,叙述了工人同资本的第一次真正的战斗:"六月革命消灭了一切幻想,工人们确信,他们还需要学习很多东西。他们首先应当夺取政权,然后才能为自身的社会解放有所作为。"①

在1867年2月底庆祝伦敦德意志工人教育协会成立二十七周年的纪念会上,列斯纳指出,协会虽然人数不多,但能做许多事情;会员们不畏劳苦,不怕牺牲,积极参加政治运动。他说,社会问题如果只靠孤立的实验是不能解决的,必须推翻资本的统治才能解决。在这种情况下,为《先驱》写的《关于伦敦德意志工人教育协会,即国际工人协会德国人支部成立纪念会》的一份报告的手稿被保存了下来。手稿不是他本人写的,但显然具有他的风格。在纪念大会上发言的有三位国际总委员会委员:列

---

① 列斯纳《纪念六月的日子》。

斯纳、彼得·福克斯和卡尔·马克思。关于这个协会，他说，它是"最老的工人协会，一般人还不太知道协会的会员们是多么积极地参加政治运动，他们既不怕辛苦，也不怕非议，始终把工人利益和工人的立场摆在首要位置，例如，最老的会员埃卡留斯当前就在英国报刊上批驳了斯图亚特·穆勒的经济学原理"[1]。

列斯纳在协会中坚持宣传马克思的经济学说。他有一次说："二十多年来，卡尔·马克思把研究政治经济学问题和细致地探索这些问题作为自己平生的主要任务。他的研究成果开创了政治经济学的新时期。"[2]

马克思总是通过列斯纳了解协会的情况，因为他太忙，又常常生病，很少参加协会的会议。但是，1867年2月，在庆祝协会成立二十七周年的纪念会上，卡尔·马克思作了关于《雇佣劳动与资本》的演讲。在《先驱》所发表的通讯中，列斯纳扼要地叙述了这篇演讲的内容："卡尔·马克思谈到雇佣劳动和资本，并且极为清楚地说明了工人怎样创造了资本，别人怎样靠工人亲自劳动的产品而

---

[1] 阿姆斯特丹国际社会史研究所编《约翰·菲力蒲·贝克尔遗著》第7卷。
[2] 《先驱》1867年3月号第43—44页。

第五章 第一国际

使工人处于奴隶地位，以及资本怎样被系统地利用来给工人更紧地钉上镣铐……对工人阶级来说，用不着消灭个人的财产，因为它早就被消灭并且一天天地还在被消灭，而真正应该消灭的是资产阶级的财产，因为它是靠欺骗得来的……工人为了彻底解放自己，就必须沿着革命这条道路前进。"[①]

19世纪60年代中期，拉萨尔分子钻进了协会。这个机会主义派别，在60年代的德国工人运动中已经名噪一时。它反映了具有不少小资产阶级思想的半无产阶级群众的思想意识。拉萨尔分子向德国工人散播阶级调和的幻想，散播资本主义和平长入社会主义的幻想。他们认为，由国家帮助建立生产合作社就能解决社会问题；他们否认罢工和工会这一类的斗争形式，认为普选权是消灭社会弊病的最好手段；他们不是寻找同俾斯麦的容克政府斗争的机会，而是寻找同他们妥协的机会。他们认为，农民不是同盟者，而是反动的力量。拉萨尔主义毒害了德国工人运动，破坏了它的革命前途。

马克思和恩格斯一直同拉萨尔主义进行斗争。国际

[①] 《先驱》1867年3月号第44页。

成立后，斗争日益激烈，因为拉萨尔分子妨碍国际工人协会在德国巩固自己的阵地。工人阶级刚有一点国际主义觉悟，就受到拉萨尔分子对他们所起的反作用。

在伦敦德意志工人教育协会中，列斯纳同拉萨尔分子进行了不断的、卓有成效的斗争。根据列斯纳的提议，德意志工人教育协会在1865年3月22日的会议上，断绝了同拉萨尔派的关系。1865年4月5日，教育协会同它的分会"条顿尼亚"和"和谐"共同举行了会议，决定坚决谴责全德工人联合会主席伯恩哈特·贝克尔和《社会民主党人报》编辑部向伦敦德国流亡者鼓吹拉萨尔主义。德国钟表匠路易·维贝尔企图通过一项决议，说什么个别活动家的政治态度是个人的事，不应当由协会来讨论。这个提议遭到了会议大多数人的否决，路易·维贝尔也被赶出了协会。①

但是，拉萨尔分子仍然企图在工人教育协会中稳住阵脚。1868年秋，由于列斯纳缺席，协会在拉萨尔分子的压力下，没有同意德国工人协会联合会纽伦堡代表大会关于加入国际工人协会的决议。

---

① 参见《马克思恩格斯全集》第31卷第113页。

第五章　第一国际

马克思知道这件事后,在给德意志工人教育协会秘书卡尔·施派尔先生的信中尖锐地写道:"鉴于这种情况,我不得不声明**退出工人协会**。"① 施派尔显然考虑了马克思的声明,因为《先驱》上登载的致施韦泽的公开信是根据马克思的意见起草的,并且包括了关于加入国际工人协会的号召。②

1869年2月10日,列斯纳在庆祝伦敦德意志工人教育协会成立二十九周年纪念会上发表讲话。在谈到工人运动新取得的成就时,他说,罢工、手工业工人协作社只不过是一种治标的权宜之计,不能根本解决社会问题。列斯纳的这篇讲话是直接针对拉萨尔分子的。

当然,普法战争对德意志工人教育协会的日常活动有很大的影响。作为国际的支部,它赞成总委员会关于战争的两篇宣言,其中第二篇宣言批评了对阿尔萨斯—洛林的兼并。列斯纳作为总委员会委员在这两篇宣言上都签了名。但是,俾斯麦在伦敦的密探很不满意在英国的德国工人攻击普鲁士的掠夺政策。1870年10月11日,接受普鲁士政府资助的德文报纸《海尔曼》周报的主编海奈曼召

---

① 《马克思恩格斯全集》第21卷第483页。
② 《先驱》1868年12月号第191页、1869年1月号第13页。

开了一次"友谊"协会的群众集会,向大约200名与会者建议通过主张兼并阿尔萨斯—洛林的决议。但是,由伦敦工人教育协会的老会员约瑟夫·瓦伦亭·维贝尔领导的一个反对派小组反对通过这项决议。于是,海奈曼接着在10月18日又召开一次群众集会,这次集会仅限忠于普鲁士的人参加,并通过了上述决议。海奈曼还在《海尔曼》上发表了以《为了探索》为题的文章来庆祝"胜利"。

列斯纳也用同样的标题给《先驱》写了一篇报道,揭露了通过这一决议的背景情况并摘录了工人教育协会发表的反对宣言。宣言声明:

"一切以领土欲为基础的和采用战争手段更动边界的行为都是犯罪;

"为了德国的尊严和防止俄国佬入侵,德国要利用最初的有利时机宣布波兰独立,并以武力保卫它,从而一笔勾销普鲁士对波兰犯下的分割领土的罪行;

"佛日山脉已经标明了战略上的国界,但是,霍亨索伦王朝领土欲的阴谋确实危害了德国的和平和自由。"[①]

1870年,拉萨尔分子在工人教育协会里又积极进行

---

① 《先驱》1870年11月号第176页。

第五章 第一国际

活动。施韦泽的一伙拥护者也钻进了协会。他们的首领约瑟夫·施奈德尔不仅在协会里,而且在拉萨尔派的《新社会民主党人报》上发表诽谤马克思及其战友的言论。列斯纳告诉马克思,约瑟夫·施奈德尔不仅行动诡谲,还对"国际工人协会说了一些愚蠢下流的话"①。

1871年12月底,在工人教育协会的一次会议上,施奈德尔及其一伙口出恶言,攻击国际。列斯纳及其朋友早有所料。1871年12月5日恩格斯在给李卜克内西的信中就已写道:"星期一这里的德国工人协会将对施奈德尔采取必要的措施。"②施奈德尔提出一项决议,指责马克思和他的许多战友,其中包括列斯纳和赖利"违反民主,独断专行"。那些起草决议的人声明要退出国际工人协会。这项决议在表决时,有20票赞成,27票反对。

在后来的一次会议上决定把施奈德尔及其追随者这些不配作为工人教育协会会员的人开除出去,因为该协会自从国际成立之日起就是它的支部了。③恩格斯在1872年7月15日给李卜克内西的信中写道:"正如你知道的,这里

---

① 1871年8月8日列斯纳给马克思的信。
② 《马克思恩格斯全集》第33卷第360页。
③ 《人民国家报》1872年1月27日。

把拉萨尔分子赶走了。"①

伦敦工人教育协会同拉萨尔分子的斗争，对于教育德国无产阶级革命者的骨干具有重大的意义。

一颗重型炮弹

凝聚了马克思毕生心血的主要著作《资本论》，是工人阶级争取科学社会主义胜利、消除资产阶级和小资产阶级一切影响的有力武器。马克思本人及其战友认为，这部著作的出版是无产阶级政党的理论发展的重要标志。

列斯纳急切盼望马克思这部著作的问世。他写信给贝克尔："我们的朋友马克思，现在正紧张地忙于准备付印他的政治经济学，这部著作的问世将是我们党的一个伟大成就和胜利。这部著作使我非常高兴，我还从来没有这样高兴过。这部著作还没弄到手，我真有点等不及了。"②

1867年4月2日，马克思把《资本论》第一卷的手稿誊写完毕。4月8日，列斯纳写信给贝克尔说："我们的朋友马克思现在非常辛苦，何况还不断受着病痛的折磨。你收到这封信的时候，他的辉煌的著作即将完成并

---

① 《马克思恩格斯全集》第33卷第404页。
② 1866年7月2日列斯纳给贝克尔的信。

第五章 第一国际

送去付排了。近来,为了写完这部著作,马克思夜以继日地工作。"①

1867年9月初,第一卷出版了。9月18日列斯纳收到了一本有马克思亲自签名的书:"赠给我的朋友弗·列斯纳。卡尔·马克思。1867年9月18日于伦敦。"列斯纳立即开始研读,甚至顾不得日常生活中的许多琐事了。1867年10月8日,他在给马克思的信中表示,目前手头没有什么工作,真是惬意,"我能够有时间研究马克思的书,这比在世上做裁缝工作更有千倍的价值。现在我还没有读多少,但是这已经使我感到我花了这么长时间等待这部著作并没有白费……"②

马克思的另一位战友,一位工人运动的老战士约·菲·贝克尔对《资本论》的出版也同样欢欣鼓舞,他在收到马克思寄给他的《资本论》第一卷之后,于1867年10月11日激动地写信告诉列斯纳:"几天前,我收到了马克思的书,昨天读了一些。对我们来说,这既是利剑又是铠甲,既是进攻的武器又是防御的武器。现在,我们正

---

① 1867年4月8日列斯纳给贝克尔的信。
② 1867年10月8日列斯纳给马克思的信。

在向整个旧世界挑战!"①

自马克思的《资本论》出版之后,列斯纳一生都在宣传这部著作及其思想。这已经是他一生的主要任务了。凡是载有该书书评的报刊和摘要发表该书的报纸,他都密切注意,并加以收集。②

研究《资本论》后,列斯纳和他的朋友们更清楚地意识到工人阶级的历史使命,更加坚信只有这个阶级才能完成革命。1868年2月,他在伦敦德意志工人教育协会成立二十八周年的庆祝会上作报告,谈到了协会的光荣传统,他说,协会目前的基本原则,就是同现存制度作斗争。成千上万的工人缺吃少穿,死于饥饿,这都是因为资本家们追逐高额利润,工人一半的工资都被他们掠去扩大他们的资本了……由于采用了新的机器,每天都有许多失业工人,每天都有多余的劳动力沦落街头……"有关工人问题的学说告诉我们,正如马克思博士在最近出版的著作《资本论》中科学论断的,不久必有一场决战"。③

列斯纳非常尊敬马克思和恩格斯。他说,是他们用

---

① 1867年10月11日贝克尔给列斯纳的信。
② 参见1867年12月22日列斯纳给贝克尔的信。
③ 《先驱》1868年4月号第61—63页。

第五章 第一国际

新的先进的理论武装了无产阶级。这方面的意义他深有所知，并为他们事业的成就而欢欣鼓舞。

1868年4月2日，列斯纳写信告诉恩格斯，当他意识到他是马克思和恩格斯的同时代人，是他们的革命学说的伟大胜利的见证人时，生活上的许多烦恼都烟消云散了。"其次，最使我感到高兴的是，你和马克思二十多年前付出巨大牺牲首先创立和阐述的那些原则（你们曾经为这些原则向全世界挑战），终于到处被人们公开传播和维护了。"①

马克思认为列斯纳是一位忠实的朋友和党内的同志。他们两人共同为他们事业胜利的好消息而高兴。在彼得堡有人开始把《资本论》译成俄文，这个消息对于马克思来说是一件大事。1868年10月初，马克思最早告知这个消息的就是列斯纳。

后来，列斯纳回忆说，这个消息使马克思非常高兴，他非常尊敬那些俄国的社会主义者。"马克思全家人对于俄国同志的这一行动深感欣慰，我们大家也非常高兴。"②

列斯纳很快就懂得了传播《资本论》中的思想对于

---

① 1868年4月2日列斯纳给恩格斯的信。
② 列斯纳《回忆马克思》（1893年）。

国际工人运动具有多么重大的意义。他认为，必须尽快用各种文字出版这部著作，使它成为世界无产阶级的共同财富。列斯纳在给马克思的一封回信中说："俄国人的鉴赏力显然比进步的英国佬和法国空谈家更高明……我希望这会使得那些总想颐指气使的民族感到羞愧：还要通过俄国人才能知道德国学者有这样一些伟大的革命新思想和原理。"①

在巴黎公社的日子里

1870年7月19日，普法战争爆发了。总委员会和马克思面临的重要任务是立即向双方的工人阶级提出一个正确的口号。受总委员会的委托，马克思起草了一篇关于战争的宣言，在1870年7月26日的总委员会会议上被一致批准。

马克思在宣言中指出，挑起战争的不是人民，而是两国的统治者。他指出了德国人民的民族利益和普鲁士王朝利益之间的严格界限。在预言波拿巴帝国覆灭时，他提醒德国工人阶级注意，这场当时对德国来说还是防御性质的战争有可能变成反对法国人民的侵略战争。② 他高兴的是，

---

① 1868年10月6日列斯纳给马克思的信。
② 参见《马克思恩格斯全集》第17卷第6页。

第五章 第一国际

在宣战之后,法国工人和德国工人立即携手团结起来了。

马克思的预言应验了。法国军队屡战屡败,1870年9月2日,连皇帝也成了俘虏。9月4日,法国宣布共和国成立。总委员会向国际工人协会全体会员发出了关于普法战争的第二篇宣言,揭露普鲁士政府的侵略政策。各国工人也都响应了号召,支持"**给法国以光荣的和平并承认法兰西共和国**"[①]的要求。

列斯纳完全赞同马克思对战争及其前途的估计。他在总委员会关于战争的几篇宣言上都签了名。他和总委员会全体委员一起宣传马克思的口号。他在给约·菲·贝克尔的信中写道:"这场不幸的战争给我们带来的损害比我们想象的还要大,要是走狗俾斯麦和国王不垮台,我们还将继续受害……也许,普鲁士人还应当挨揍。这是对德国人民有利的。在法国开始进行的争取共和国的斗争,并不完全符合我们原来的设想。不过,要是法国人民胜利了,在法国,除了共和国,也不可能有其他任何形式的政权组织。"[②]

1870年9月,总委员会开展了声援法国共和国的运

---

① 《马克思恩格斯文集》第3卷第126页。
② 1870年12月26日列斯纳给贝克尔的信。

动。在短短的时间里,伦敦就举行了二十多次大会和群众集会。参加这些集会组织工作的,除了总委员会的英国委员,还有列斯纳。这时,列斯纳和总委员会的德国委员还执行了一项重要任务:抵制俾斯麦的代理人对伦敦的德国工人进行的沙文主义宣传;向德国工人进行国际主义思想教育。1870年10月,在伦敦发行的俾斯麦的德文报纸《海尔曼》上,发表了一篇以伦敦的德国工人名义写的宣言,要求德国兼并阿尔萨斯和洛林。列斯纳在总委员会例会上报告了这件事。他说,俾斯麦的代理人海奈曼策划了一次集会,用宣言形式发表了决议。列斯纳还说,那些不同意这个决议的"条顿尼亚"的成员都遭受了皮肉之苦。决议被通过了,尽管有人反对。

列斯纳和埃卡留斯提议,以伦敦德意志工人共产主义教育协会的名义发表一篇反宣言。11月初,在《先驱》和《人民国家报》上真的发表了一篇反宣言,详细地叙述了那篇宣言的产生经过,并且指出,企图用掠夺别国领土的办法来改变国界就是犯罪。[①]

1871年3月18日,巴黎公社宣告成立。在世界的历

---

① 《第一国际总委员会 1870—1871》第 45 页,《人民国家报》1870 年 11 月 12 日,《先驱》1870 年 11 月号第 174—176 页、12 月号第 184—185 页。

第五章 第一国际

史上，无产阶级第一次取得了政权。

列斯纳积极参加总委员会为声援和维护英雄的巴黎无产阶级而安排的一切活动。他组织声援巴黎公社的集会，阐明3月18日事件的阶级性质，宣传公社的纲领，在群众集会和各种会议上发表讲话，帮助大家揭穿那些蓄意诽谤无产阶级国家各种措施的人的胡言乱语。

巴黎公社遭到血腥镇压后，总委员会为了声援涌到英国的法国流亡者做了不少工作，既要帮助他们安排住处，还要为他们寻找工作。在1871年7月11日的总委员会会议上，列斯纳支持马克思的提议：暂时不讨论议事日程上的问题，立即把公民罗沙这位曾任国民近卫军巴黎中央委员会委员的巴黎难民选入总委员会。[①] 列斯纳抗议凡尔赛政府准备把在押的35000名公社社员迁移到加拿大去[②]，他还参加了关于给难民发放资金问题的讨论。列斯纳通过伦敦教育协会，不仅帮助那些在不伦瑞克以叛国罪而被捕的德国社会民主党人的家属（因为他们在战争期间曾经投票反对军事贷款，反对兼并阿尔萨斯和洛林），还帮助一些法国流亡者。

---

① 《第一国际总委员会1870—1871》第171页。
② 《第一国际总委员会1870—1871》第195页。

国际这时处境十分艰难。反动派在欧洲得势，国际受到严酷的迫害。英国的资产阶级报刊围攻国际，把国际说成是一切事端的罪魁祸首，把大量的恶言秽语都倾泻在国际特别是马克思的身上。列斯纳写道："巴黎公社失败后，国际面临一个非常艰苦的时期。"①

在这种情况下，国际工人协会于1871年9月在伦敦召开了代表会议。会议的任务是讨论并总结巴黎公社的经验，解决一系列组织问题。伦敦代表会议是国际工人协会历史上的一次特别重要的会议，因为在会议的进程中，马克思和恩格斯的关于党的观点得到了充分的发展。马克思的主要敌人就是那个认为不必组织无产阶级政党和政治行动的巴枯宁。代表会议通过了"关于工人阶级的政治行动"的决议："工人阶级在它反对有产阶级联合权力的斗争中，只有组织成为与有产阶级建立的一切旧政党对立的独立政党，才能作为一个阶级来行动；工人阶级这样组织成为政党是必要的，为的是要保证社会革命获得胜利和实现这一革命的最终目标——消灭阶级。"②

列斯纳在筹备伦敦代表会议期间，参加了有关代表

---

① 列斯纳《一八四八年前后》，载《人间的普罗米修斯》第20页。
② 《马克思恩格斯全集》第17卷第455页。

第五章 第一国际

会议的纲领问题和组织问题的讨论，帮助寻找会场。他要负责出版几千份马克思写的总委员会宣言《法兰西内战》，还要尽量发给工人。① 在代表会议上，他是一个有发言权的代表。

在代表会议期间，列斯纳认识了许多法国、波兰和俄国的革命者。他们大多数是同马克思保持友好往来的公社流亡者。例如：爱·瓦扬、列奥·弗兰克尔、彼得·拉甫洛夫、瓦列里·符卢勃列夫斯基、尼古拉·吴亭，格尔曼·洛帕廷、保尔·拉法格。列斯纳总是通过他们来同法国、波兰和俄国的革命运动保持联系。

代表会议前不久，恩格斯从曼彻斯特移居伦敦，彻底抛弃了他在"欧门—恩格斯"公司所从事的"该死的商业"。他立即参加了国际的工作。1870年9月20日，列斯纳支持恩格斯当总委员会委员的候选人。从这时起，列斯纳同恩格斯建立了深厚的友谊。恩格斯通过列斯纳、拉法格、杜邦、贝克尔和其他"老近卫军"的帮助，解决了许多与国际领导工作有关的问题。

列斯纳在1871年以前已经同恩格斯有密切的同志关

---

① 《第一国际总委员会1870—1871》第146页。

系了。艰难的物质状况，没有固定收入，极度的穷困笼罩着子女众多的列斯纳一家。所以，列斯纳经常向恩格斯求援，而恩格斯一向都是很慷慨的。

1871年秋，列斯纳的家境略有好转，根据总委员会的决定，他在费茨罗伊广场费茨罗伊街上租了一座房屋。这座房屋很宽敞，还可以在里面开会。这个问题总委员会作了多次仔细的讨论。尽管房子距离中心较远，总委员会还是根据恩格斯的提议，决定把这座房子里的一间大厅租下来，这样，每周两天晚上就可以在这里开会了。总委员会负责布置会场，并允许列斯纳在另外几个晚上把场地出租给别的组织。如果年租金收入超过四十英镑，超出的应交给总委员会。

列斯纳长期出租房屋，这也就成了他全家生活的主要来源。这座房屋实际上也变成了公社流亡者的旅店。[1]

"国际的存亡"

1872年8月，列斯纳被选为伦敦工人教育协会出席即将召开的国际海牙代表大会的代表。马克思和恩格斯

---

[1] 《第一国际总委员会1871—1872》第11、13、17、18页。

第五章　第一国际

认为这次代表大会非同寻常，因为它"**关系到国际的存亡**"①。正因为如此，巴枯宁主义者在伦敦代表会议后才加紧了活动。

由于做了大量准备工作，在代表大会上才保证马克思的拥护者占了大多数。代表大会于1872年9月2日举行。在每次开会时，马克思派总要同巴枯宁主义者进行激烈斗争，因为后者企图取消总委员会的权限，使它从领导中心变为一个通讯局，代表大会的与会者以压倒多数的票通过了关于加强总委员会权限的决议；不顾巴枯宁主义者的反对，肯定了伦敦代表会议关于工人阶级政治行动的决议。代表大会认为，建立无产阶级政党是胜利的社会主义革命的主要条件。这项决议就列入了国际的章程。②

在马克思和恩格斯直接领导的海牙代表大会上，列斯纳虽然没有发言，但他同杜邦、拉法格、约·菲·贝克尔、狄慈根、库格曼等人一起组成一个坚强的党的核心，马克思和恩格斯依靠这个核心从组织上粉碎了巴枯宁主义者的阴谋。

---

① 《马克思恩格斯全集》第33卷第491页。
② 《第一国际》第2册第196—199页；科罗捷也娃《第一国际海牙代表大会》1963年俄文版第141页。

海牙代表大会是国际活动的最高峰。同时，它也是国际的最后一次代表大会。这次代表大会之后，国际实际上已经不再是一个国际性的组织了。

第一国际完成了自己的历史使命，为无产阶级的下一步斗争奠定了国际性组织的基础。工人运动蓬勃发展的时期，各国建立群众性社会主义政党的时期，已经到来了。根据马克思的提议，总委员会暂时迁往纽约。做出这个决定是因为历史的形势已有变化，第一国际留在欧洲会有一系列的危险和不必要的牺牲。

第一国际活动的重要成果是，一批马克思的追随者、无产阶级革命家形成了一个坚强的核心，他们在马克思和恩格斯的领导下经受了严峻的斗争考验，后来在创立和巩固各国社会主义工人政党方面起了巨大作用。

在许多为争取马克思原理的胜利而忘我斗争的战士中，列斯纳就是其中之一。他自从参加了国际的活动，在思想上日渐成熟，又经受了实际斗争的重大考验。在这些年月里，他作为工人阶级的领路人，把社会主义意识带给了自发的工人运动。

第六章
热情的马克思主义宣传员

第六章　热情的马克思主义宣传员

巴黎公社失败后,在工人运动的历史上又开始了一个新的时期。风暴和革命时期过去了,代之而来的是和平发展、聚集力量、组织群众准备迎接新的决战的时期。

这几年,马克思和恩格斯花了不少时间指导一些国家建立无产阶级的政党,帮助它们的领导人出主意,维护党的纯洁和统一,反对一切机会主义,为迎接未来的战斗培育新的斗争骨干。

在这方面列斯纳也做了不少事,主要是同不列颠联合会委员会和伦敦教育协会中的那些机会主义分子进行斗争。①

在英国工人运动的最前线

为了从组织上确定英国工人运动的革命方向,1871年10月21日,成立了不列颠联合会委员会。它的书记约翰·黑尔斯一开始就暴露出分立主义的倾向。黑尔斯当时既是国际总委员会书记,又是不列颠联合会委员会书记。

黑尔斯实行阳奉阴违的两面政策:他同大陆上的巴枯

---

① 库宁娜《卡尔·马克思和英国工人运动》第349页。

宁主义者有联系；在英国，他又千方百计地阻挠国际地方支部的建立。为了削弱黑尔斯在不列颠联合会委员会中的地位，总委员会于1871年12月5日通过了关于不应同时兼任总委员会书记和联合会委员会书记的决议。于是，黑尔斯只好放弃了联合会委员会书记的职务，但是，实际上他仍然对不列颠联合会委员会的活动指手画脚。[①]

1872年7月，在诺定昂举行了英国各支部第一次代表大会。在总委员会的代表中有马克思和恩格斯最忠实的战友列斯纳和杜邦，他们在代表大会上坚决反对不列颠联合会委员会的机会主义领导。经过杜邦、列斯纳和大多数英国代表的努力，不顾黑尔斯及其党羽的反对，一致承认伦敦代表会议关于工人阶级政治行动的决议，并对总委员会投了信任票。代表大会推选列斯纳、黑尔斯、罗奇、梅欧、赖利和克拉克参加不列颠联合会委员会。

代表大会以后，黑尔斯由于未能控制总委员会而恼羞成怒，就在工联主义者中间加紧分裂活动，很快又篡夺了不列颠联合会委员会的领导权。在海牙代表大会上，黑尔

[①] 《第一国际总委员会1871—1872》第23页。巴克斯《欧仁·杜邦——马克思和恩格斯的朋友》，载《马克思主义和国际工人运动史》1964年俄文版第233—317页。

第六章　热情的马克思主义宣传员

斯反对革命派,支持巴枯宁主义者。代表大会以后,黑尔斯伙同为他撑腰的工联上层人物大肆诽谤马克思及其拥护者。他们以为,总委员会的驻地已迁到纽约,他们就可以随意造谣中伤,人们也无法对他们组织反击了。

马克思和恩格斯一方面依靠列斯纳和杜邦进行工作,同时也竭力把能够抵制黑尔斯活动的英国工人中的优秀分子团结起来,使他们在有必要脱离时,同爱尔兰人一起建立自己的联合会。①

不久,不列颠联合会委员会发生了分裂。那些拥护黑尔斯的人(莫斯特赫德、罗奇以及海牙代表大会后投靠他们的荣克、埃卡留斯等)自称是联合会委员会的"多数派",公开反对海牙代表大会的决议。②联合会委员会中的另一部分人,即以列斯纳和杜邦为首的马克思的拥护者(他们是英国各大支部的代表),坚决主张保存联合会委员会这个无产阶级的机构。他们召开了一次大会,宣布自己就是不列颠联合会委员会。

从德国工人、国际曼彻斯特外国人支部书记库佩尔在1872年年底到1873年年初写给弗里德里希·列斯纳

---

① 参见《马克思恩格斯全集》第33卷第539页。
② 参见《马克思恩格斯全集》第33卷第551、556页。

的那些信件中，可以明显地看出，为了揭露黑尔斯的分裂活动，不列颠联合会委员会中的革命派，尤其是弗里德里希·列斯纳和欧仁·杜邦，付出了多么巨大的劳动。他们组成一个委员会，把通告信、宣言和通知寄给各城市的支部，以此抵销黑尔斯那帮人的宣传。曼彻斯特外国人支部完全站在革命派一边，支持他们的活动。库佩尔和阿道夫·书格曼感谢列斯纳给他们寄的文献，向他报告他们的集会和讨论情况，征求他的意见，还感谢他对他们的帮助。

1872年12月23日，不列颠联合会委员会发表了一封由马克思参加起草的给各支部的信。这是一篇反通告，它维护了海牙代表大会的决议，驳斥了黑尔斯拥护者的攻击。在签名的人员中，列斯纳签的是："诺定昂代表大会，前总委员会委员，创建国际工人协会的会员"[①]。同时，还分发了由恩格斯起草的曼彻斯特外国人支部的通告，其中强调了建立英国工人阶级独立政党的必要性。由于差不多所有的英国支部都反对"多数派"的分裂行动，"多数派"的拥护者在1873年1月26日好不容易地才召集了一次有

---

① 参见《马克思恩格斯全集》第18卷第231页。

第六章　热情的马克思主义宣传员

十一个人出席的代表大会。①

分裂以后,马克思和恩格斯在报刊上同黑尔斯一伙展开了论战。②他们在《国际先驱报》上发表文章。列斯纳参加了这次论战,1873年1月11日,也在这家报纸上发表了《正直的约翰·黑尔斯》一文。这是对黑尔斯1873年1月4日的诽谤信的回答。列斯纳逐点地驳斥了黑尔斯的无耻谰言,并且声明,绝不允许像黑尔斯这样的人为个人的利益利用运动,为了这个运动他曾在普鲁士监狱中备受熬煎,尝尽了流放的苦难。③

黑尔斯和他的拥护者很快就失掉了同群众的联系,在群众中丧失了威望,他们无计可施,只好停止活动了。

反对黑尔斯的斗争对于英国工人运动具有重大意义,因为黑尔斯是那些毒害工人群众的英国工人贵族的典型代表。

1873年,列斯纳继续参加不列颠联合会委员会的活动。我们发现,在1879年3月24日联合会委员会召开

---

① 参见《马克思恩格斯全集》第18卷第517页,1873年2月1日《东邮报》。
② 参见《马克思恩格斯全集》第33卷第552页。
③ 根据1873年2月16日列斯纳给恩格斯的信判断,这篇文章是有恩格斯参加撰写的。

的纪念巴黎公社群众大会的演讲人中就有他的名字。燕妮·马克思在给女儿爱琳娜的信中说,列斯纳的演讲受到了热烈的欢迎。①

1873年6月,在曼彻斯特召开了不列颠联合会第二次代表大会,列斯纳是大会的代表。代表大会通过了一系列完全以科学社会主义原理为基础的重要决议:建立独立的无产阶级政党;工人有权用和平方式,必要时用暴力方式捍卫自己的要求;生产资料归劳动人民;八小时工作日;释放爱尔兰的芬尼亚社社员;等等。代表大会宣布,象征国际原则和目标的红旗是不列颠的工人协会的旗帜。恩格斯在总结代表大会时写道:"从来还没有一个英国工人代表大会提出过这样深远的要求。"②代表大会选举列斯纳、魏勒尔、勒穆修、维克里、巴里为不列颠联合会委员会委员。③

曼彻斯特代表大会尽管在思想上取得了胜利,但是不列颠联合会委员会并没有能进一步开展活动。这是因为英国当时在世界市场上已占据垄断地位。在英国资本主义力

---

① 1873年3月25日燕妮·马克思给爱琳娜的信。
② 《马克思恩格斯全集》第18卷第517—518页。
③ 库宁娜《马克思和英国工人运动》第375页。

第六章 热情的马克思主义宣传员

量增长的同时，日益脱离政治斗争的工人阶级上层也资产阶级化了。马克思、恩格斯及其拥护者对英国工人做了不少宣传鼓动工作，但从效果来看，似乎太晚了。到了19世纪80年代，英国失去了工业垄断地位，资产阶级对工人阶级又加强了进攻，所以本国工人运动才重新活跃起来。

这些年来，列斯纳对英国工人耐心地、不懈地宣传马克思主义，启发他们的阶级觉悟，执行恩格斯的指示。1884年，在英国成立了社会民主联盟，列斯纳也是它的成员。社会民主联盟公开承认马克思学说是纲领性的原则，并声称它的主要任务就是向工人群众传授这个学说。列斯纳同工人运动的先进代表们（马克思的女儿爱琳娜·马克思－艾威林、她的丈夫爱德华·艾威林，以及哈利·奎尔奇、汤姆·曼）一起反对海德门的机会主义领导，加入了从社会民主联盟分离出来的社会主义同盟。自从社会主义同盟被无政府主义者把持后，列斯纳同恩格斯、艾威林夫妇在1888年就离开了，又加入了布卢姆兹伯里社会主义协会。1893年，他成为独立工党党员。

列斯纳仍像以往那样积极参加英国的工人运动，例如1886年和1887年在特拉法加广场举行的示威游行和集会，1886年为纪念巴黎公社举行的大会。他还组织了

1890年5月4日在海德公园的大规模的示威游行，提出了八小时工作日的口号。他也参加组织庆祝五一节的各项活动。

麦克斯·魏勒尔（他是亚当·魏勒尔的儿子，也是列斯纳在伦敦教育协会和不列颠联合会委员会的亲密战友）一想起1890年伦敦第一次五一节的示威游行就十分激动。他小的时候，曾同他的哥哥昂首并肩地走在伦敦德意志工人共产主义教育协会的游行队伍里。游行者身上都系着一条很宽的红色腰带，队伍沿着泰晤士河堤岸游行。协会会员队伍的前面高举写有"全世界无产者，联合起来！"的旗帜，旗帜安装在一个地球模型上，某个协会会员利用电池使它能够转动。这在当时是很新鲜的。弗里德里希·列斯纳在这次游行时走在裁缝队伍的前面。①

列斯纳经常在英国工人中间活动，所以也经常考虑英国工人运动的性质和前途。他在19世纪80年代发表在德国工人刊物上的许多文章和写给老朋友约·菲·贝克尔的信都是分析英国工人运动的。列斯纳在1883年写的一篇

---

① 1971年1月4日麦克斯·魏勒尔给凯·托马斯的信。写信人感谢伦敦的凯·托马斯盛情提供麦克斯·魏勒尔的这封信以及有关伦敦德意志工人教育协会历史的报刊材料。

第六章 热情的马克思主义宣传员

文章中,分析了英国工人运动中所发生的变化,还提到了无产阶级的阶级觉悟有所提高。他指出,工人凭亲身经验确信:劳动和资本的相互关系问题,用和平妥协的办法是不能解决的。①

在另一篇文章中,列斯纳揭露了资产阶级的本质。根据争取选举改革的经验,他指出,资产阶级狡猾地利用无产阶级来达到自己的目的,然后又翻脸不认昨日的盟友。虽然英国工人还没有真正的阶级觉悟,但是从近日出现的征兆来看,英国的社会主义和共产主义的工人运动又复活了。海德公园的盛大集合就是证明,人们在海德公园对社会问题发表许多十分正确的看法。列斯纳指出:即将来临的这场前所未有的危机,将从根本上改变工人的情绪,他们将会明白,"只有真正的社会革命才能有生路"。②

要想在英国建立一个群众性政党,用马克思和恩格斯的思想教育英国工人,就必须防止工联的那些改良主义领袖的对抗和破坏,使无组织的工人群众不受工人贵族的影响。列斯纳分析了这几年英国工人运动的状况,指出了改良主义者所造成的危险:"各个政党为了夺取这次规模巨大

---

① 1883年12月6日《社会民主党人报》(苏黎世)。
② 1884年7月31日《社会民主党人报》。

的工人运动的领导权,用尽了一切手段。形势非常严重,正因为如此,就更要光明磊落,坚决果断和廉洁奉公,这样才能清除一切骗子手和说大话的英雄,现在还不算太晚。这将决定运动的成败。"①

为了使英国工人摆脱小资产阶级的影响,列斯纳积极批驳资产阶级激进派布莱德洛,后者肆意辱骂社会主义和革命行动,鼓吹马尔萨斯的观点,说它是消灭贫穷的唯一手段。列斯纳写道:"像你们这样的人还是少些好,这就是他教给受苦挨饿的工人的学说……"②1884年4月24日、7月24日和1885年4月9日的苏黎世《社会民主党人报》发表的列斯纳的几篇文章,揭露这个用花言巧语骗取工人廉价信任的"资产者—马尔萨斯主义者"的实质。

列斯纳满意地指出,那时英国社会主义运动的优秀分子都遵循马克思的学说,承认他指出的道路是唯一正确的道路了。列斯纳写道:"但是,马克思的实际作用,只有在他的《资本论》译成英文时,才能被理解……社会主义的问题已经提上了日程。这部著作发表后,社会主义将占据

---

① 1884年12月28日列斯纳给贝克尔的信。
② 1883年12月6日《社会民主党人报》。

第六章　热情的马克思主义宣传员

首要地位,不管资本家老爷们喜欢还是不喜欢。"①

列斯纳认为,在资本的势力十分强大、工人受资产阶级的剥削极端残酷的英国,社会主义运动如果按照马克思指引的道路发展,那一定会比在其他任何一个国家获得更多发展的机会。列斯纳听到《资本论》出版了英译本的消息,特别高兴,他在1886年1月10日给恩格斯的信中写道:"这是今年的一件大事,对于英国社会主义运动具有巨大的意义……"②

在向英国工人传播马克思主义思想,建立和巩固新的社会主义组织方面,列斯纳的功劳也不小。他在一封信中写道:"英国工人都不太关心自己的实际利益……他们非要亲眼看到成果才表现出兴趣。不过,我们不应当放过任何一个机会,应当尽量向他们宣传社会主义。"列斯纳希望英国不久将建立一个强大的、统一的无产阶级政党。③

列斯纳有一次在德国卡塞尔举行的盛大工人集会上发表演说,他谈到了英国工人运动的特点,认为英国工会犯了一个最大的错误,因为它们不愿意承认政治斗争,只注

---

① 1884年12月28日列斯纳给贝克尔的信。
② 1886年1月10日列斯纳给恩格斯的信。
③ 1890年12月15日列斯纳给弗兰克·麦克戈朗的信。

意互助储金会，只想靠经济斗争来改善自己的状况。近几年来，形势有所变化，工会也开始知道必须参加政治运动了。最后他说，英国工人不久一定会理解社会主义原则的。①

19世纪80年代初，群众运动发展得很快，但是，英国工人阶级并没有走上社会主义的革命斗争的道路。这是因为工人贵族的腐蚀作用还相当强烈，工联机会主义领袖们的叛卖活动带来了不少危害，英国的一些社会主义组织又具有宗派性质，不但脱离群众，而且对工人毫无影响。

第一国际以后的伦敦工人教育协会

这些年，列斯纳仍然十分关心德国无产阶级的革命运动。由于不可能回德国定居，他就继续积极参加伦敦德意志工人共产主义教育协会的工作。但是，在19世纪60年代末和70年代初，德国已经具备建立群众性工人政党的条件。这时，教育协会就没有什么意义了。随着1869年爱森纳赫派的形成，德国的工人运动开始了一个新阶段。

---

① 1894年10月24日《莱茵报》。

第六章 热情的马克思主义宣传员

德国工人党是在德国社会民主党人(爱森纳赫派)同拉萨尔分子尖锐斗争的条件下诞生的。在1875年社会民主党哥达代表大会上,为了防止工人运动分裂,爱森纳赫派同拉萨尔派合并为德国社会主义工人党。但是,合并是以对改良主义思想的让步为代价取得的。为此,马克思和恩格斯对德国社会民主党的领导人奥古斯特·倍倍尔、威廉·李卜克内西进行了严厉的批评。

伦敦德意志工人共产主义教育协会的领导人,其中包括列斯纳和弗兰克尔也犯了爱森纳赫派领导人的错误:他们接纳拉萨尔分子入会,却不谈合并的原则基础,因此也失去了自己在协会中的绝对影响。

列斯纳懂得这种合并是不稳固的。他在给贝克尔的信中写道:"我们协会同另一个协会合并了。究竟能维持多久,谁也不知道。因为合并在一起的都是五花八门的人物。"① 伦敦教育协会很快失去了它以往的作用,并且也不能再像过去那样成为马克思和恩格斯在伦敦德国流亡者中间进行活动的支柱了。他们能够信任的只有以列斯纳和弗

---

① 1875年2月9日列斯纳给贝克尔的信。

兰克尔为首的少数协会会员。①

在实行反社会党人非常法时期（1878—1890年），德国社会民主党内产生了新的机会主义派别。卡尔·赫希伯格、卡尔·奥古斯特·施拉姆、爱德华·伯恩施坦主张放弃阶级斗争，放弃暴力革命。他们认为只要稍加改革就可以了。那些轻视利用合法机会的极左派的拥护者，例如约翰·约瑟夫·莫斯特和威廉·哈赛尔曼，则要求立即革命，这在当时条件下是有害的空想。机会主义者的这种活动在协会中也有所反映，按恩格斯的说法，在协会里"那些善于玩弄革命空谈的英雄们现在又趾高气扬起来，他们企图通过内讧和阴谋来瓦解党"②。由于拗不过那些无政府主义分子，列斯纳才退出了协会。

在列斯纳的文件里，有一张草稿是他退出伦敦工人教育协会的声明。在这篇声明中他要求把他的名字从协会会

---

① 当总委员会分发关于召开费拉得尔菲亚代表会议的机密通告时，恩格斯没有把通告全文交给协会，而是交给了列斯纳和弗兰克尔。恩格斯写道："我把通告转给了列斯纳和弗兰克尔，他们两人同我的意见一致，都认为这个通告的内容不宜于在协会中正式传达，只应当向合适的人传达，并且要秘密地进行，以利于通告中建议办理的事情。"（见《马克思恩格斯全集》第25卷第38页）

② 《马克思恩格斯全集》第34卷第356—357页。

第六章　热情的马克思主义宣传员

员的名单上划掉，他还寄去了他的会员证（No.123）、两便士的会费和一便士的医药费。他写道：

"促使我这样做的原因是多方面的；然而主要的原因是：革命的每一行动都受到那些眼光短浅的小人的阻挠。

"自从（1848年）六月战斗以来，主要的成果是工人有了纯正而明显的阶级觉悟，这是今后革命胜利的必要前提。

"打倒资产阶级！打倒庸人！社会革命万岁！我还像从前一样，今后也仍然如此。

"没有革命工作，我无法生活，因此，我将另找场所去进行宣传鼓动工作。"

燕妮·马克思在给约·菲·贝克尔的一封信中谈到了协会当时的处境和列斯纳对协会所起的作用：

"恩格斯和我丈夫同旧的工人协会再没有任何联系，这个协会已经**堕落**到了极点，变成了纯粹的**愚人协会**。

"列斯纳至今一直巧妙地维持着协会，但现在也腻烦了。而他……是一个非常好的可靠的人，在政治上一向特别坚定和忠诚。他是'宁死不屈'的老近卫军的一员。"①

---

① 1876年8月16—20日燕妮·马克思给贝克尔的信，载《马克思恩格斯全集》第34卷第464页。

托登楠街 49 号[①]

1880年，伦敦德意志工人教育协会发生了分裂。一部分维护老革命传统的协会会员在托登楠街49号建立了一个俱乐部，开展宣传活动，列斯纳认为，这个俱乐部"采取的是对德国社会主义政党唯一正确的策略"[②]。

托登楠街上的这座房屋是第二次世界大战时期被纳粹分子炸平的广场上唯一仅存的建筑。伦敦协会使用过的其他房屋都没有保存下来。就连距离49号房子几十米的那块埋葬马克思的儿子埃德加尔（穆希）的教堂墓地，同样也未能幸免。现在这所房子和周围的建筑是米德尔塞克斯医院的财产。据现在住在这所房子里的矫形外科医生说，楼下和院内的房子曾被"共产主义俱乐部"占用过。据在这所房子里度过童年的麦克斯·魏勒尔证实，在一楼这个俱乐部里有餐厅、酒吧间、台球室和打牌的桌子。流亡者都在这里聚会，就像在自己家里一样，花不了多少钱就可以在这里吃一顿饭，喝一杯啤酒。协会的主要房屋在最里面，穿过一个狭长昏暗的拱形甬道，就可以进去了。二

---

① 有关托登楠街49号协会的房子的描述，是根据麦·魏勒尔和凯·托马斯提供的材料写的。

② 苏共中央马列主义研究院中央党务档案馆全宗178，目录44，第10页。

第六章 热情的马克思主义宣传员

楼有一个会议室和一个很像样子的图书馆,可以在这里会谈,讨论,下棋,演奏音乐,学英语等等。

曾在这里当过图书管理员、后来脱离马克思主义的鲁道夫·罗克,在他的自传中回忆说,他第一次来到这个图书馆时,使他惊奇的是这么多罕见的书籍。这里有早期法国社会主义者的书,19世纪30—40年代法国空想共产主义者的著作,德国社会主义的整套著作;有威廉·魏特林、奥古斯特·贝克尔、塞巴斯提安·载勒尔、恩斯特·德朗克、莫泽斯·赫斯等人的文集。除了《神圣家族》,马克思和恩格斯所有第一次出版的著作应有尽有。最有价值的是伦敦教育协会的记录。不过,这些材料只是40年代前期的。①

会议厅的设备十分齐全,有乐队和演员的房间、更衣化妆室、大舞台。舞台上端悬挂着"全世界无产者,联合起来!"的标语。帷幕上画着一个妇女举着写有"自由!"两个大字的红旗。这个大厅用来举行会议和演讲。在演讲人和报告人中,可以不止一次地看到列斯纳的名字。他很乐意在这里作演讲,回忆他的丰富经历和革命斗争生涯。他还作了一些政治问题的报告。

---

① 鲁·罗克《在伦敦的岁月》1956年伦敦版第70页。

协会有一个非常优秀的合唱队和乐队。优秀的业余戏剧小组——爱琳娜·马克思在小组里起主导作用——经常在协会的这个舞台上演出。英国女演员伊迪斯·奈斯比特、梅伊·莫利斯（她是诗人、艺术家兼革命家威廉·莫利斯的女儿）、露西·克兰（她是协会里的一个教绘画的著名漫画家的妹妹）也参加了这个戏剧小组。当时还不太有名气的萧伯纳也参加了。

马克思主义的宣传员

在1872—1904年这段时期，马克思主义已深入群众性的工人运动，在许多国家都建立了群众性的无产阶级政党。列宁写道："马克思学说获得了完全的胜利，并且**广泛传播开来**。"[①] 在这些年里，列斯纳继续向英国的各个工人组织和德国工人的流亡团体进行宣传工作。他作过许多报告，介绍了马克思的学说、大陆上的社会主义运动、社会主义和工联主义，等等。

列斯纳非常关心德国社会民主党的斗争和胜利，多次参加它的代表大会。在他回德国的期间，他曾出席各种工

---

① 《列宁全集》中文第二版增订版第23卷第3页。

第六章 热情的马克思主义宣传员

人集会,并在会上发言。例如,1893年在科隆、1894年在法兰克福就是如此。

列斯纳参加科隆党代表大会具有多方面的意义。第一,这件事本身对于一个不久前刚刚摆脱反社会党人法的约束、目前又涌进大批党员的党来说是很重要的,这个党应该证实自己在历史上已经坚持了几十年,其前身就是共产主义者同盟。这一点,奥古斯特·倍倍尔在代表们的掌声中发表的那篇向列斯纳致敬的开幕词中已经提到了。

第二,列斯纳本人用不着发表长篇演说就能阐明党的国际性质。他在向党代表大会的告别词中说,虽然社会主义运动从那个时候起就已经是国际性的运动,"但是,今天才开始加入国际性的胜利进军"。他引导代表们考虑一下将在伦敦召开的第二国际下届代表大会。

第三,在大会开幕的前一天,即1893年10月22日,列斯纳的发言谈到了讨论一个紧迫的现实问题,也就是说,讨论如何在农村进行鼓动的农民政策的问题。这个问题既涉及如何扩大群众基础,也涉及在联合农民时如何进一步发展社会民主主义的理论。虽然一开始就不得不同格奥尔格·冯·福尔马尔的机会主义展开辩论。列斯纳在向代表们报告1848年科隆工人联合会的"农村星期日"时,

也不单纯是回顾这一段历史。历史证明：革命的农民政策并不是南德意志的社会民主主义者的发明，早在四十五年前，在资产阶级民主革命时期，由于共产主义者同民主主义者结成联盟才产生的，而且是行之有效的。

1894年1月14日，列斯纳给柏林党的"前进"书店领导人理查·费舍的一封信中，请他把已预订的党代表大会记录的样本寄来，并通知他寄发各种印刷品，信中还写道："向您，李卜克内西、倍倍尔、辛格尔以及我们认识的其他同志致意。"[①] 费舍在1888年到1890年由于反社会党人法，被驱逐出德国，住在伦敦。列斯纳同他是在这个时期相识的，当时费舍同尤利乌斯·莫特勒一同组织往德国邮寄《社会民主党人报》的工作。

他尽力同青年交往，当他发现他们非常熟悉马克思主义，他就感到很高兴。他写道：

"我常怀念我年轻时秘密传播共产主义学说的年代。那时做这样的工作是多么艰难，多么危险！要让当时的青年工人理解《共产党宣言》中的现代社会主义基本原理，要花费多大的气力！今天一切都改变了！青年勤奋愉快地

---

① 1894年1月14日列斯纳给理查·费舍的信。

第六章　热情的马克思主义宣传员

学习，甘心为自己的信念忍受艰苦。他们提高自己的理解力和培养自己的性格，为迎接未来的斗争而磨炼自己。

"我从来没有感到这样高兴。

"要是马克思和他的夫人能活到今天并看到这一切，该有多好啊！他们二人千辛万苦地斗争，受过多少折磨，可惜，没来得及看到他们辛苦播下的种子已经茁壮成长了。不过，马克思坚信，工人群众迟早会理解他的学说，从中吸取力量，去摧毁资产阶级社会，十分自觉地去建立一个新的社会。"①

列斯纳也很关心世界各国工人运动的发展和成就。他在1884年写道："如果我们的朋友马克思活到现在，他会看到全世界都在宣传他的社会主义原则，同我们共享今年10月28日德国社会主义者的辉煌胜利②，也会看到在他逝世后不久《资本论》第一卷已经出版了第三版。"③

1882年，法国工人党内的马克思派和机会主义者

---

① 列斯纳《一八四八年前后》，载《德意志言论》1898年第5册第214—215页。

② 列斯纳指的是社会民主党人的胜利。尽管有《反社会民主党人非常法》和政府的迫害，社会民主党仍然获得了五十万张选票，并在议会中取得二十四个席位。

③ 1884年12月8日列斯纳给贝克尔的信。

（可能派）之间发生了激烈的斗争，列斯纳对此也十分关怀。这场斗争以分裂而告终。列斯纳看到法国社会主义者终于统一，对是非更加分明，他在给贝克尔的信中表达了他满意的心情："工人们认清了自己的处境。他们终于学会了独立思考，不需要别人来替他们思考了。"[1]

法国工人运动在工人党的领导下日益壮大。1891年，在法国组织了首次五一节的示威游行。但是，在诺尔省富尔米市的工人和平示威时却发生了开枪事件。工人党的领袖和示威游行的组织者之一保尔·拉法格被法院审讯，针对这件事，工人们选举他为众议院议员。列斯纳非常高兴，并写信告诉恩格斯："这是我们的方针一个了不起的胜利，这说明对法国社会主义者的看法是正确的。"[2]

19世纪80年代末，关于建立新的国际组织的问题已成为工人运动的当务之急。这时许多国家都已经有了按科学社会主义原则进行活动的社会主义政党。重要的是今后要让马克思的拥护者、革命的社会主义者来领导这些组织。为了防止机会主义者篡夺这个国际组织的领导权，恩格斯做了大量的工作。代表大会的全部筹备工作实际上都

---

[1] 1885年12月31日列斯纳给贝克尔的信。
[2] 1891年11月10日列斯纳给恩格斯的信。

第六章 热情的马克思主义宣传员

集中在他的手里。在这方面列斯纳给了恩格斯很大帮助。列斯纳在为《社会民主党人报》撰写的文章中指出,不能同可能派(法国机会主义者)联合,这是现代社会主义工人运动的本质所决定的。几年前,可能派的领袖们既反对法国社会主义者,也反对德国社会民主党的久经考验的领袖们。他们的宣传没有超出小资产阶级要求的范围,要是实行机会主义者所追求的那种联合,只能遭到更大的损害。

恩格斯和革命社会主义者的大量工作终于取得了成效:1889年7月,在有20个国家代表出席的代表大会上建立了国际社会主义联盟,即第二国际。这个联盟一开始"实际上也把自己的纲领和策略建立在马克思主义的基础上"[①]。

列斯纳作为代表出席了第二国际的1891年布鲁塞尔代表大会和1893年苏黎世代表大会。在这两个代表大会上,在1893年和1894年德国社会民主党代表大会上,他是仍然健在的为数不多的老近卫军战士之一,是1848年以来工人运动的参加者之一。列斯纳很喜欢谈他自己的往事,他热情地欢呼工人运动所取得的成就。他在比较1891年布鲁塞尔代表大会的形势和1868年第一国标布鲁

---

① 《列宁全集》中文第二版增订版第17卷第12页。

塞尔代表大会的形势时写道:"无产阶级运动在近二十五年中取得了辉煌成就。我深深感到,几十年来,我们为党的利益所做的一切,所承受的牺牲,已完全得到了补偿。"①

巨大的损失

1883年3月14日,卡尔·马克思逝世了。列斯纳是最早得知这个消息的人之一。

马克思的逝世对于列斯纳是一个沉重的打击。列斯纳的一生是同马克思和恩格斯联系在一起的。在共产主义者同盟第二次代表大会期间,列斯纳知道了马克思和恩格斯,了解了科学共产主义的第一批著作,当时,这个完全受魏特林空想主义思想影响的安分守己的裁缝帮工,成了一名新的革命无产阶级世界观的热烈拥护者。

在革命年代,列斯纳是马克思和恩格斯的忠实的学生,坚定不移地执行他们的指示。当列斯纳1856年返回伦敦时,已经是一个受过革命斗争锻炼、尝过普鲁士牢狱磨难的有经验的战士了。这时,他和马克思、恩格斯开始有了亲密的友谊。在这里他从一名学生成长为国际中贯彻

---

① 列斯纳《一八四八年前后》,载《德意志言论》1898年第5册第214页。

第六章 热情的马克思主义宣传员

马克思路线的得力助手。后来，列斯纳常常回忆起在马克思身边度过的年月："马克思认为同工人晤谈具有莫大的意义，他找的是那些并非奉承他的而是真诚地对待他的人。他认为倾听工人们对于运动的意见非常重要，任何时候都愿意同工人们讨论重大的政治经济问题，并且很快就能知道他们对这些问题的理解是否充分。他们对这些问题理解得越充分，他就越高兴……马克思和一切真正的伟大人物一样，毫不自负，尊重别人的每一个正当的要求和经过独立思考后发表的意见。我已经说过，他向来注意倾听普通工人对工人运动的意见，因此，饭后他常来我家，找我一同去散步，和我谈各方面的问题。我当然尽量让他多讲话，因为对我来说观察他的思想过程确是一件乐事。我常常听得出神，很不愿意同他分手。总之，他非常健谈，可以把任何一个同他谈话的人紧紧吸引住，甚至可以说，使他像着了魔一样。"①

通过国际总委员会的工作，列斯纳同马克思的关系更加亲密了。马克思从英国博物馆回家时，经常去找列斯纳商谈一些有关国际的问题。有时，饭后马克思同列斯纳一

---

① 列斯纳《一个工人对卡尔·马克思的回忆》，载《人间的普罗米修斯》第30—31、33页。

同散步，谈各种各样的问题，或者一块去听有趣的报告或讲演。①

列斯纳受到马克思全家人的友好接待。他经常到马克思家里做客，对马克思夫人极为尊敬。每当遇到困难时，他都得到马克思全家的安慰和帮助。

马克思逝世了，列斯纳不仅失去了一位良师，还失去了一位益友。他三天不能提笔给马克思的女儿爱琳娜写信。他对这一巨大的损失表达哀思的信稿都保存下来了。回想起自己同马克思相联系的一生，他写道，在马克思家里度过的时光是他一生中最美好的时刻，"同马克思交谈一小时胜读万卷书"。列斯纳非常佩服马克思善于识人，一向保护被压迫者和受迫害者，他的刚强意志能顶得住反动势力的冲击。他佩服马克思的知识渊博，并坚信马克思创立的科学必然胜利。列斯纳写道："他总是坚定不移地、不屈不挠地……走自己的道路。他手中唯一的优良武器就是科学，它是不容置疑、不可战胜和无与伦比的……马克思不在世了，我失去了最老的朋友、伟大的导师；各国现代社会主义和共产主义工人党失去了自己

---

① 参见 1865 年 5 月 4 日列斯纳给马克思的信。

第六章 热情的马克思主义宣传员

的创始人、领袖和最好的朋友;人类失去了当代最伟大和最激进的哲人。"①

列斯纳深深感到,马克思所完成的事业是非常伟大的。他觉得,宣传他的学说、实现他所开创的事业就是对他最好的纪念。"马克思为新社会的大厦奠定了基础,如果拥护他的党的每一个人都能完成自己的职责,那么这座大厦在不久的将来一定会全部建成。建筑师逝世了,但是他给我们留下了蓝图和著作。研究和传播它们是我们的责任。"②

半年之后,列斯纳在给贝克尔的信中,又想起了这段令人悲痛、觉得损失无可弥补的日子:"现代工人运动遭到的重大损失,对我来说是难以承受的。令人极为痛苦的是,他唯一的夙愿未能实现,未能写完《资本论》。"③列斯纳非常清楚,马克思逝世后,恩格斯肩上的任务是多么艰巨。恩格斯清理了马克思的理论遗产,完成了《资本论》第二卷和第三卷的整理工作,又继续领导了国际无产阶级的运动。列斯纳在给贝克尔的信中说:"我们的老同志和老朋友恩格斯健在,对于社会主义运动有着不可估量的意

---

① 1883年3月18日列斯纳给爱琳娜·马克思的信。
② 1883年3月18日列斯纳给爱琳娜·马克思的信。
③ 1884年12月28日列斯纳给贝克尔的信。

义。他的全部时间都用来完成马克思的著作。在这方面，恩格斯对党有非凡的功绩。"①

只有恩格斯才有如此充分的知识，才能完成这项使社会主义运动的影响不断增长的伟大工作。

马克思逝世后，列斯纳同恩格斯更加亲近，成了他家里的常客。恩格斯很高兴地听他讲社会民主联盟、社会主义同盟的情况，同他讨论这些组织的活动以及当时的各种事件。列斯纳写道："马克思逝世后，我常到恩格斯家里去，他对我非常信任，就像马克思对我那样。"②

1890年，列斯纳得知马克思家中的女仆和忠实的女友海伦·德穆特（她在马克思逝世后又在恩格斯家中过了许多年）去世的消息，他给恩格斯写了一封信："我们大家极为悲痛，也为您的损失感到惋惜，因为她在各个方面都是一位那么可靠、那么忠实的朋友。我们这些老朋友完全了解她的优良品德，我们也非常清楚，多少年来她为马克思一家所做的事情，以及她在马克思逝世后，为您所做的一切。我一向对她十分尊重，因为她从来都是表里一致

---

① 1885年12月31日列斯纳给贝克尔的信。
② 列斯纳《一个工人对弗里德里希·恩格斯的回忆》，载《智慧的明灯》第13页。

第六章　热情的马克思主义宣传员

的。愿她安息吧。"①

1895年8月5日,弗里德里希·恩格斯逝世了。

"我无法用言语来表达这一惊人的噩耗对我的影响……"②8月5日傍晚,伯恩施坦通知列斯纳,恩格斯病危,如果想再见他一面,就必须赶快去。这一次列斯纳也太拘谨了:他怕打扰恩格斯,决定到8月6日早晨去探望。但这已经晚了。恩格斯已于8月5日午夜十一点钟至十二点钟之间溘然长逝……

恩格斯的最后遗愿是把他的骨灰撒在大海中。

1895年8月27日,列斯纳同爱琳娜·马克思-艾威林、爱德华·艾威林、爱德华·伯恩施坦一起到伊斯特本去,这是恩格斯特别喜欢在这里休养的海滨疗养地。他们雇了一只双桨小船,把恩格斯的骨灰瓮送到离岸两英里的海中……完成了恩格斯的遗愿。

列斯纳对马克思和恩格斯的著作研究得非常仔细。苏共中央马列主义研究院中央党务档案馆保存的他的大量摘记和笔记,有相当一部分是他在读马克思主义创始人著作

---

① 1890年11月5日列斯纳给恩格斯的信。
② 列斯纳《一个工人对弗里德里希·恩格斯的回忆》,载《智慧的明灯》第14页。

时所做的摘录。大段的摘记都是摘自《资本论》《哲学的贫困》,一部分摘自《新莱茵报》上的文章和《路易·波拿巴的雾月十八日》。

列斯纳高兴的是他有机会读到《资本论》的第二卷。他专心致志地研究当时已译成德文的《哲学的贫困》,阅读《家庭、私有制和国家的起源》。他在给恩格斯的一封信中提到了这三部著作:"这是我在百忙之中得到的最大享受。这些著作即使读上千百遍,总能给你提供一些新的东西、新鲜的思想。"[①]

《反杜林论》的出版也曾使列斯纳喜出望外。他在信中对恩格斯说:"这部著作文笔出色,论据充分,写得及时;在我们这个混乱的年代,比它更好的书是不可能出现的。您的著作使我得到很大的享受。尤其是您的著作令人百读不厌,每读一次都会发现一些新的东西。我认为这是优秀著作的标志。"[②]列斯纳尤为赞赏的是《反杜林论》中有一部分以《社会主义从空想到科学的发展》为题出版了单行本。他在1892年写信给恩格斯:"是否可以提这样一个问题,谁能为工人党写出如此简洁扼要、通俗易懂的著

---

① 1886年1月10日列斯纳给恩格斯的信。
② 1877年1月9日列斯纳给恩格斯的信。

第六章 热情的马克思主义宣传员

作？罗纳赫和我常常谈到你的独特的写作方法，当你的著作到达我们手中时，我们都异常高兴……真想把你为《社会主义从空想到科学的发展》写的那篇导言向工联主义者散发几千份，这样的小册子一定会使许多人觉醒。"①

如果不能整本地散发马克思和恩格斯的著作，他摘其精华，复写若干份，再去散发。例如，他在1874年就对贝克尔说过，他自己出钱把《资本论》中关于正常工作日的部分印了五千份散发出去了。②许多年以后，他又写道："现在是否可以给德国和瑞士的德国社会主义者印一批马克思和恩格斯的著作，是否可以用小册子的形式便宜地售给工人？这总比让他们晚间闲聊更有好处。"③

因此，马克思和恩格斯的每一部新著作的出版都使列斯纳兴奋不已。

遗产的保管人

列斯纳非常注意收集有关工人运动的出版物和手稿。恩格斯在给伯恩施坦的信中写道："几份旧《社会民主党人

---

① 1892年10月20日列斯纳给恩格斯的信。
② 1874年9月20日列斯纳给贝克尔的信。
③ 1883年10月16日列斯纳给恩格斯的信。

报》用印刷品挂号寄还给你,因为我发现这些报纸列斯纳那里都有。"[1] 恩格斯需要国际的某些报告时,也首先是到列斯纳那里去查找。"如果他收集的不全,那我是会感到很惊奇的。"[2]

列斯纳从1846年到1851年所收集的有关工人运动的大量文献,在他1851年6月18日被捕时全被警察没收了。后来他多方奔走,也没能要回来。他在许多封信里都曾伤心地指出,他早期收集的那些材料都是很珍贵的,他的回忆录中的许多东西都是凭记忆写的。

他一向喜爱,或者可以说,一向崇敬那些历史的见证。他希望弄回他坐牢时被没收的那些材料,当这一希望破灭以后,他又开始从头收集。例如,他打算收齐《共产党宣言》的所有版本。第一国际时期的文件、记录、信件、剪报等,列斯纳收集得最全,把它们汇集在一起就是一本书,就是人们研究国际历史的依据。1871年5月,拉法格在给马克思的信中写道:"您还想象不出,有一部更完整,特别是比较客观的国际史是多么重要。我想把总委员会的全部宣言、通告和各支部最重要的呼吁书都编成一卷

---

[1] 《马克思恩格斯全集》第36卷第151页。
[2] 《马克思恩格斯全集》第36卷第449页。

第六章 热情的马克思主义宣传员

书出版，再附上一篇简短的说明。您能够利用列斯纳的书给我提供这些材料……"①

很遗憾，无论是列斯纳还是拉法格，都未能实现这个愿望。

列斯纳把大量的收藏品全部遗赠给德国社会民主党档案馆。1900年7月8日，他在给奥地利社会民主主义者和社会主义运动文献收藏家威廉·帕彭海姆的信中写道："我在1898年第二次写的遗嘱中就已经决定把我收集的社会主义著作和信件等在我死后全部交给德国社会民主党。"②1904年，他还在世，他就把主要的文件交给了这个档案馆。1906年10月，他又把1866年日内瓦代表大会的决议交去了。他在信中指出："这些决议都是马克思起草的，国际总委员会通过时没有说明是马克思起草的……马克思起草的所有的宣言、决议、报告，都没有写上他的名字。我们的伟大先驱卡尔·马克思在他全部的著作中并不计较是否有他的名字，他所注意的是正确地阐明每个问题。只有马克思的卓越思想才是重要的原则和正确的

---

① 1871年5月12日拉法格给马克思的信，参见《第一国际和巴黎公社》1972年莫斯科版第496页。

② 1900年7月8日列斯纳给威廉·帕彭海姆的信。

策略。"①

在收集和保存马克思恩格斯的著作,以及半个多世纪的工人运动史的文件材料方面,列斯纳做了大量艰苦的工作,表现了对马克思和恩格斯及其事业的无限忠诚。

工人报刊的通讯员

列斯纳在一生的最后十年,充分利用工人报刊来宣传马克思主义。他曾为《社会民主党人报》《莱茵报》《萨克森工人报》《美因兹人民报》《工人纪事周报》等报刊撰稿。从发表在这些报刊上的文章可以看出,列斯纳非常关心德国发生的每一件事。他在一些德文报纸上写文章,报道英国的各个事件和工联主义者的活动,回顾自己丰富的生活阅历。他还经常写回忆马克思和恩格斯的文章,把他们对工人运动任务的看法告诉大家。

列斯纳忠诚而深切地怀念马克思和恩格斯,凡是有损于他们学说的任何企图,他都给以坚决的反击。有人企图指责马克思犯了教条主义,他在答复这种人时,愤怒地写道:"马克思最高兴的就是看到工人们都在认真地研究、理解他的理论,都能证明他们已经掌握了他的理论。他最讨

---

① 1906年10月8日列斯纳给《通讯员报》编辑部的信。

第六章 热情的马克思主义宣传员

厌那些对他盲目信仰的人,他最欣赏那些能够批判地对待问题的人,那些能够独立思考,而不是要别人替他思考的人。"①

恩格斯逝世后,伯恩施坦篡改马克思主义,公然修正科学共产主义。这时,列斯纳挺身而出,捍卫革命马克思主义立场,捍卫马克思和恩格斯的学说。列斯纳在1899年9月12日的《萨克森工人报》上尖锐地批驳了伯恩施坦。列斯纳指出,马克思的伟大学说为工人阶级开辟了道路,其结果就是群众性的国际工人运动的高涨。无论是统治阶级,还是来自党内的攻击,都不能消灭马克思主义学说。伯恩施坦对马克思的批判是片面的,毫无根据的。伯恩施坦指责马克思是"空想主义",列斯纳对此嗤之以鼻,并指出马克思一生就是同空想主义作斗争的。列斯纳在这篇文章的最后说,党内的批评固然是必要的,但批评应当是正当的、科学的,而不是伯恩施坦的那种批评。

列斯纳在一生的最后十年,尽管年迈多病,仍然没有停止社会活动,仍继续宣传马克思主义。"当你感觉到,满怀希望、对胜利充满信心的青年一代正在继承前辈开创

---

① 列斯纳《卡尔·马克思〈资本论〉》。

的事业，你也就可以死而瞑目了。"①

这些年，列斯纳写了很多回忆录。1893年，他在德国社会民主党中央机关刊物《新时代》上发表了《一个工人对卡尔·马克思的回忆》，1902年又发表了《一个工人对弗里德里希·恩格斯的回忆》。在这以前不久，他发表了自己参加德国1848—1849年革命的回忆文章，题目是《一八四八年前后》。在这个时期，他还在各种工人刊物上发表了许多篇对国际工人运动活动家的悼念文章。

在列斯纳的回忆文章中有许多真实材料，有至今还无人知晓的关于汉堡和伦敦的德意志工人教育协会、共产主义者同盟的详细史料，有关于1848年革命和第一国际的材料。列斯纳的回忆录为我们再现了马克思和恩格斯的生动形象，描述了他们生平活动中的一些有趣的情节，这是他作为他们的亲密的同志亲自观察到的。当然，这些材料是很有趣的，对于马克思和恩格斯的传记文献是一个宝贵的贡献。在他撰写的纪念文章中，还有对一些著名活动家——国际工人运动的参加者的评价。他敬佩法国革命家奥古斯特·布朗基的英雄的一生，敬佩

---

① 列斯纳《一八四八年前后》，载《德意志言论》1898年第5册第215页。

第六章 热情的马克思主义宣传员

他的勇敢和坚强。他还在文章中热情地提到以下这些人:他的亲密战友、国际总委员会委员、巴黎公社的参加者、匈牙利工人党的创始人莱奥·弗兰克尔;为爱尔兰自由而奋斗的英勇战士、"爱尔兰和英国工人的伟大朋友"迈克尔·达维特;汉堡协会时期的老朋友、在第一国际时期起过重大作用的格奥尔格·埃卡留斯;马克思和恩格斯的战友、国际美国支部的组织者,用列斯纳的话来说,"第一个吸引美国工人参加国际工人运动"的阿道夫·左尔格;一度担任恩格斯的秘书、协助恩格斯整理出版《资本论》第二卷和第三卷手稿以及其他许多著作的奥斯卡尔·艾森加尔滕。

列斯纳年事越高,就越尖锐地感觉到能够回忆往年某些斗争事件的人已经所剩无几了。他认为,他有责任把他所知道的一切,哪怕是不重要的细节提供出来。关于这一点,恩格斯曾写道:"列斯纳好像对写作非常热心,就像他过去对写生画一样。"[1]

---

[1] 《马克思恩格斯全集》第39卷第56页。

欢呼俄国工人的胜利

列斯纳在晚年仍然关注世界革命运动的事件。俄国革命事态的发展引起列斯纳的极大兴趣。

由于彼得堡"工人阶级解放斗争协会"的活动，在1896—1897年开展了大规模的罢工运动。纺织工人、冶金工人都举行了罢工。1897年1月，政府在彼得堡工人罢工以后，逮捕了1000多人。据1897年2月13日《正义报》的报道，在伦敦工人区怀特柴泊举行的专门讨论"俄国罢工"问题的群众大会上，列斯纳代表伦敦德意志工人教育协会发表了讲话。1897年5月在海德公园举行抗议逮捕俄国罢工工人的群众集会上，他也发表了讲话。①

列斯纳注视俄国1905—1907年资产阶级民主革命，关心俄国无产阶级的命运。1905年12月，他在寄给社会民主党维也纳《工人报》的新年贺词中，极为关心俄国革命，并对俄国工人阶级的英勇斗争表示热烈的支持。"在新年伊始，让我们全体同志祝愿正在斗争的俄国同志万事如意，祝愿他们在争取正义要求的斗争中早日获胜。我们不应忘记，他们已经付出并将继续付出的无数巨大

---

① 1897年5月2日《雷诺新闻》。

第六章　热情的马克思主义宣传员

的牺牲。我们对他们的坚韧不拔精神表示崇高敬意，希望他们胜利。俄国工人阶级和波兰工人阶级的全面胜利万岁！"①

晚　年

列斯纳晚年，家境十分艰难。贫困和疾病的阴影笼罩着全家。关于这方面的情况，在他给当年与他十分接近的尤利乌斯·莫特勒的信中有较详细的描述。

菲茨罗伊大街上的那座列斯纳全家人从1871年就居住的宽敞住宅，已经不太必要了。许多房间空空荡荡，这个家庭很难再在这座住宅里住下去。1898年底，列斯纳决定把它卖掉。按照1898年1月同房主的多次协商，列斯纳除了变卖住宅，还要支付140英镑的债务，他打算用变卖家具的钱，分期付清这笔债务。②1899年3月21日，他们全家搬入乔德尔路331号的新居，新居在东南区楠海德·帕科罕的瓦维利公园附近。一家人分文无进，只是从伦敦工人教育协会疾病储金会领取微薄的资助。

---

① 1905年12月列斯纳给维也纳《工人报》编辑部的信。
② 参见1899年1月13日列斯纳给贝尔福特·巴克斯的信。

列斯纳的孩子不少于 11 个。这方面我们还没有精确的材料。根据马克思的女儿爱琳娜在 1883 年写给她的姐姐劳拉的信，列斯纳夫人生过一次三胞胎。[①] 此外，列斯纳在 1884 年 12 月 28 日给约·菲·贝克尔的信中也曾说过，他的家庭，人口众多，"雏儿年幼，最小的才 14 个月，现有 7 个孩子，3 个已经夭折"[②]。在他晚年的一些信件中提到的名字有查理、劳拉、卡特、艾米莉、路易莎。

当时流亡伦敦的波兰工人运动的著名代表人物鲍列斯拉夫·恩捷约夫斯基曾要求德国社会民主党对束手无策的列斯纳给予经济上的帮助。尤利乌斯·莫特勒在 1900 年 1 月 16 日写信告诉恩捷约夫斯基："德国党根据我的建议，决定自 1897 年 1 月 1 日起每月发给弗·列斯纳同志 80 马克养老金。"[③] 当然，这不过是杯水车薪，但总还是不无小补。

1905 年 2 月 27 日，列斯纳的八十寿辰是一个轰动的事件。英国和德国的工人报刊都发表了文章。值得一提的是弗兰茨·梅林的文章。他在《新时代》上发表了一篇令

---

① 参见 1883 年 3 月 26 日爱琳娜·马克思给劳拉·拉法格的信。
② 1884 年 12 月 28 日列斯纳给贝克尔的信。
③ 1900 年 1 月 16 日尤·莫特勒给鲍·恩捷约夫斯基的。

第六章 热情的马克思主义宣传员

人瞩目的传略①。在列斯纳寿辰的当天,《莱比锡人民报》不仅在副刊上登载了许多评价他的论文,还发表了梅林的未署名的文章《一个德国工人》。在这篇文章中,梅林第一次显示出他是一位写传记题材的大师。这篇文章使列斯纳感到十分自豪,非常高兴:

"今天,弗里德里希·列斯纳在伦敦庆祝他的八十寿辰。对德国无产阶级和国际无产阶级来说,这一天是唤起人们自豪回忆的一天,因为德国无产阶级自从接受卡尔·马克思的教导、摆脱魏特林共产主义的启蒙、在《共产党宣言》中同各国同盟盟员一起宣布工人阶级的政治成熟以来所进行的一切斗争和遭受的一切苦难,弗里德里希·列斯纳全都经历过了。在普鲁士德国反动派的这片该诅咒的土地上,他首先是一名不可多得的先锋战士,这些战士总被统治者看作罪犯,被资产阶级世界嘲笑为愚人;其次,他是工人阶级用血肉争取社会权利的见证人……最后,他是科学共产主义的宣传家……"②

---

① 弗·梅林《弗里德里希·列斯纳》,载《新时代》1904—1905年第1卷第677—679页。

② 弗·梅林《一个德国工人》,载《梅林全集》1963年柏林版第442页。

列斯纳身患严重的肝病，经常感冒，视力衰退，听力减弱，但他的神志直到最后几天仍然很清醒，仍然十分关心外界的一切事物。

1906年11月，列斯纳在《新时代》上看到罗特施坦的一篇文章，题目是《自由主义和工人政党》[①]。他写信给文章的作者表示完全赞同他的观点。他说这篇文章正确而清楚地阐述了英国社会主义运动的形势，还说社会主义思想已经深入到反对自由主义和工联倾向的工人群众中了。他认为这篇文章对德国同志十分重要。[②]

列斯纳在晚年经常同罗特施坦见面，同他一起回忆往事，后者也愿意从中汲取丰富而宝贵的经验。列斯纳在1907年4月21日的信中表示，他想同罗特施坦再见一面。当时正值五月游行期间。

"您可以到国际大厅来找我，或者在那里打听我。

"如果不行，那就请您在您认为方便的时候来一趟……那时我们可以当面畅谈。

"六十年已经过去了，然而我对当时的重要事件记忆犹新，深感兴趣。

---

① 载于《新时代》1906—1907年第1卷第117页。
② 1906年11月12日列斯纳给罗特施坦的信。

第六章　热情的马克思主义宣传员

"您需要的材料，我可以全部告诉您，只是我没法写。所以，我们有必要见一面。"①

纽约的海尔曼·施留特尔在撰写宪章运动史时也曾得到列斯纳的帮助。1907年5月26日列斯纳在一封回信中谈到了马克思在国际工人协会成立时起草致阿伯拉罕·林肯的祝贺信②（祝贺他1864年11月再度当选）方面所起的作用。四十三年前，列斯纳本人也在这份文献上签了名。在这封信中，他还要求施留特尔应当在文章中强调厄内斯特·琼斯的革命作用。

1907年底，施留特尔把《在美国兴起的德国工人运动》一书寄给列斯纳，当时列斯纳正患眼疾，但还是读完了这本书，并给施留特尔寄去一封信表示感谢。③

列斯纳只要还能看到一点东西，总是亲自阅读社会主义的报刊，后来就由他的孩子们读给他听了。在他的文件中，有一封1908年3月22日给拉法格夫妇的信，从笔迹上看，是他的女儿卡特写的。信中说，她的父亲已经不能亲自写信，但是3月14日《正义报》上的那篇文章引起

---

① 1907年4月21日列斯纳给罗特施坦的信。
② 《马克思恩格斯全集》第16卷第20—22页。
③ 1907年11月24日列斯纳给海·施留特尔的信。

了他的关心，使他难以平静。这篇文章过分突出了宪章运动者詹姆斯·布朗特尔·奥勃莱恩在阶级斗争中的作用。"我父亲说，宪章运动者不了解这个问题，这个问题是马克思在《共产党宣言》中提出来的。"[①] 列斯纳要拉法格夫妇写一篇批评文章。他在生命的最后日子，还十分热情地捍卫马克思学说的纯洁性，坚信马克思才是科学共产主义的奠基人。

布兰肯海恩镇的光荣儿子

1910年2月1日，列斯纳逝世了。据英国《正义报》报道，他的遗体被送到伦敦霍德尔草地去火葬了。[②] 许多人参加了这位工人运动老战士的葬礼，其中大部分人是伦敦教育协会的会员。协会的合唱队唱了庄严的安魂曲，麦克斯·贝尔代表德国社会民主党中央机关刊物《新时代》、魏茵加尔茨代表德国朋友、哈·奎尔奇和赫·巴罗斯代表社会民主联盟致了悼词。

一些社会主义报刊和工人报刊都发表了悼念列斯纳的长篇文章。

---

① 1908年3月22日列斯纳给拉法格夫妇的信。
② 1910年2月《正义报》。

第六章　热情的马克思主义宣传员

*　　　*　　　*

弗里德里希·列斯纳逝世已经六十多年了。他为之奋斗和献身的事业已经在他的祖国——德意志民主共和国实现了，取得了胜利的工人阶级正在建设社会主义。在这里，人们缅怀列斯纳，崇敬列斯纳。

列斯纳的诞生地布兰肯海恩已发展成有四千多居民的小城镇。那些瓷器手工业的小作坊变成了一座已不属于一小撮企业主所有，而属于全民所有的现代化的大工厂了。这个工厂把驰名的魏玛瓷器销售到世界各地。

1962年10月7日星期天，中等综合技术学校附近聚集了很多人。城镇的各界代表、学生、教师都出席了隆重庆祝学校以德国和国际工人运动的光荣老战士、马克思和恩格斯的朋友和战友弗里德里希·列斯纳的名字命名的群众大会。区劳动者代表苏维埃副主席哈利·凯特讲述了弗里德里希·列斯纳对工人运动的功绩，号召在校学生以他为榜样，成为社会主义的真正战士。在这之后，学校里很快就组织了一个收集列斯纳生平活动材料的小组。小组在地方档案馆成功地发现了一些新材料。列斯纳学校的孩子们在老同志的带领下，陆续制作标明弗里德里希·列斯纳生平和斗争各阶段插图的直观教具。

这些教具在教师、学生和城镇劳动者中间广泛流传。

1964年9月27日，国际工人协会创立一百周年前夕，在布兰肯海恩镇中央广场为列斯纳纪念碑隆重揭幕。倾盆大雨也阻挡不住省的各级党组织和群众团体的许多代表、工人运动的老战士、青年、少先队员和城镇的许多居民举行这次盛大的纪念弗里德里希·列斯纳的大会。

在这些日子里，《新魏玛报》《人民报》等地方报刊也以许多版面刊登纪念列斯纳的文章。它们连续刊登一系列有关列斯纳活动的纪念文章，使青年一代了解他们这位光荣的、为子孙后代的光明未来贡献毕生精力的同乡。这位银髯飘拂、手持书卷、气度不凡的老人，就是共产主义者同盟（同盟创建时他就参加了）光荣传统的化身。经过斗争和胜利的漫长岁月，列斯纳使马克思和恩格斯学说的伟大旗帜更显得白璧无瑕。列斯纳在晚年给威廉·李卜克内西写过这样几句话："我感到自豪，因为我看到了现代工人运动正在迅猛发展，日益接近自己的目标。我高兴地意识到，这个伟大运动的摇篮养育了我，我已经忠诚地为这个事业尽了自己的一份职责。"①

---

① 1900年1月19日列斯纳给威廉·李卜克内西的信。

第六章　热情的马克思主义宣传员

　　列斯纳这位德国和国际工人运动的老战士,是五十年来忠诚地、奋不顾身地献身工人阶级的解放事业的典范,是不懈地、忘我地传播马克思主义的榜样,他的一生对于现代工人运动、对于培养青年学习革命斗争和无产阶级国际主义传统,是很有教育意义的。

附 录

弗里德里希·列斯纳生平活动大事记

附　录　弗里德里希·列斯纳生平活动大事记

1825 年

2月27日　弗里德里希·列斯纳生于魏玛公国的布兰肯海恩镇,是魏玛下级军官弗里德里希·列斯纳和弗雷德丽卡·普勒特纳的非婚生子。

1830 年（五岁）

由于受到继父虐待,他被寄养在农村的亲戚家里,从小就干家务活,不得不时常辍学。

1839 年（十四岁）

在魏玛跟随裁缝师傅威·格雷尔曼学手艺。

1842 年（十七岁）

秋季　学徒期满,徒步旅行到图林根、萨克森、西里西亚、梅克伦堡、耶拿、布雷斯劳,走遍了萨克森地区;后来在梅克伦堡找到一份临时工作,又途经卢卑克,到达汉堡。

1843 年（十八岁）

秋季　在汉堡定居,直到1847年,当裁缝帮工。

1846 年（二十一岁）

秋季　列斯纳去服兵役。由于他在 1845 年就该服役，因此被罚延长服役期，后来还是获准到 1847 年春天开始服役。他又回到汉堡。

11 月　加入汉堡工人教育协会，积极参加该协会的活动。他如饥似渴地汲取新的思想和政治观点，也受到魏特林的平均共产主义思想的影响。

1847 年（二十二岁）

4 月 1 日　列斯纳乘一艘汽船，前往英国。

4 月初　列斯纳随身携带马尔滕斯写给伦敦德意志工人教育协会的介绍信到达伦敦。不久加入了伦敦德意志工人教育协会，随后又加入了正义者同盟。

6 月 2—9 日　列斯纳很关心共产主义者同盟第一次代表大会的决议，这时他阅读了恩格斯的《英国工人阶级状况》。

9 月　参加工人教育协会举办的讨论会，会上大家都批驳卡贝关于举办共产主义移民区的空想。

11 月 29 日—12 月 8 日　在共产主义者同盟第二次代表大会期间，列斯纳认识了恩格斯和马克思。

附　录　弗里德里希·列斯纳生平活动大事记

1848年（二十三岁）

1月底　列斯纳把马克思从布鲁塞尔寄到伦敦的《共产党宣言》的最后定稿送去排印，不久取回清样，交给沙佩尔去校对。

2月7日　在伦敦工人教育协会成立八周年的庆祝大会上，列斯纳朗诵了自己的诗作。

2月24日　列斯纳收到《共产党宣言》的样书，同时听到巴黎二月革命爆发的消息。

2月28日　在伦敦参加宪章派左翼组织的各项活动和群众集会。

4月10日　参加宪章派在伦敦肯辛顿广场组织的游行示威。

6月23—25日　列斯纳仔细阅读《新莱茵报》，关注巴黎的六月起义。

8月初　列斯纳筹集了足够的路费，离开伦敦，回到德国科隆。他弄到一份署名为弗里德里希·卡斯滕斯的证件，而且也找到了工作，不久加入了科隆工人联合会。

9月17日　参加在科隆附近沃林根举行的民众大会。

9月25日　参加科隆旧市场街广场上的群众大会，抗议反动派逮捕科隆的工人领袖。群众义愤填膺，立刻构筑街垒。

11月6日　出席科隆工人联合会委员会会议，支持关于开展农村工作的提案。

11月13日 列斯纳听到马克思宣布关于罗·勃鲁姆被判处死刑的电报。

1849年（二十四岁）

1月10日 列斯纳在《新科隆日报》登载寻找职业的广告。

1月25日 当选为科隆工人联合会新章程起草委员会委员。

2月5日 当选为科隆工人联合会第九分会主席。

2月24日 出席在科隆埃塞尔大厅举行的纪念法国二月革命一周年大会。

5—6月 为参加巴登起义的革命者准备弹药。

11月5日 受科隆支部的委托，向伦敦中央委员会询问同盟是否已经重建。

1850年（二十五岁）

2月22日 列斯纳从科隆移居维斯巴登。

6月18日 列斯纳被控告进行革命鼓动工作，要他在24小时以内离开维斯巴登，当天他到达美因兹。

8月 专程到科隆，以便同共产主义者同盟科隆支部建立联系。

10月初 代表美因兹支部参加在法兰克福举行的同盟区域代表大会。

10月11—16日 受区域代表大会委托，作为特使前往纽伦堡，去改组当地的同盟支部。

附　录　弗里德里希·列斯纳生平活动大事记

1851 年（二十六岁）

6月18日　被警察逮捕，住宅被搜查。
6月19日　被押到美因兹监狱。

1852 年（二十七岁）

5月14—28日　美因兹地方法院审理列斯纳的案件，宣判监禁一个月。

6月27日—7月6日　从美因兹被押往科隆监狱。

7月7日　法院侦查员向列斯纳提出控告。

10月1日　列斯纳收到起诉书。

10月4日—11月12日　科隆陪审法庭审讯列斯纳，最后判处三年徒刑。

11月底　列斯纳没有撤回上诉，因而被延长了监禁期。

1853 年（二十八岁）

3月30日—4月2日　被送到离科隆148公里的格劳顿茨去服刑。

1854 年（二十九岁）

1月13—15日　从格劳顿茨被押往季尔别尔堡。

1855 年（三十岁）

10月19日　列斯纳听到因萨克森魏玛政府更迭将举行特赦的消息。

1856 年（三十一岁）

1月27日　列斯纳获释后去魏玛探望母亲和妹妹。
5月　路过汉堡时，拜访了马尔滕斯，然后又到伦敦。

1858 年（三十三岁）

列斯纳与侨居英国的一位德籍英国女子结婚。

1859 年（三十四岁）

5—8月　在伦敦德意志工人教育协会出版的《人民报》做抄写工作。
6月　在纪念巴黎工人六月起义的群众集会上发表讲话。

1860 年（三十五岁）

2月6日　参加伦敦德意志工人教育协会成立二十周年纪念会。

附 录 弗里德里希·列斯纳生平活动大事记

1863年（三十八岁）

7月22日 参加在伦敦圣詹姆斯厅举行的支持波兰独立的联合会议。

10月 在马克思起草的《伦敦德意志工人教育协会支援波兰的呼吁书》上签名。

1864年（三十九岁）

9月8—9日 列斯纳向马克思汇报定于9月28日举行的国际会议的情况。

9月28日 出席国际工人协会成立大会。

11月1日 被选为国际总委员会委员。

11月29日 作为总委员会委员，在马克思起草的《致美国总统阿伯拉罕·林肯》的公开信上签名。

1865年（四十岁）

1月31日 在总委员会会议上报告他与伦敦工联领导人谈话的情况。

3月22日 他建议德意志工人教育协会不要与柏林的《社会民主党人报》保持联系。

5月左右 加入改革同盟。

9月25—29日 出席国际伦敦代表会议。

1866年(四十一岁)

1月28日 写信给约·菲·贝克尔,祝贺《先驱报》出版。

2月28日—3月1日 代表总委员会参加改革同盟全国代表会议。

6—8月 竭力争取工联加入国际。

7月23日 参加改革同盟为争取普选权而举行的示威游行。

12月19日 出席伦敦工联理事会代表会议,主张工联与国际工人协会建立联系。

1867年(四十二岁)

1月22日 在纪念波兰起义大会上作报告。

4月6日 《海尔曼报》发表了有列斯纳和埃卡留斯签名的《告德国裁缝工人书》。

5月6日 参加在海德公园举行的群众大会,要求实行选举改革。

9月2—8日 出席国际洛桑代表大会,当选为总委员会委员。

12月16日 在工人教育协会听马克思关于爱尔兰问题的报告。

1868年(四十三岁)

7—8月 参加总委员会关于布鲁塞尔代表大会议程的讨论。

8月15日 《海尔曼报》发表列斯纳起草的《告伦敦德国工人书》。

9月6—13日 以伦敦工人教育协会代表身份出席国际布鲁塞尔代表大会,被选入总委员会。

11月9日 出席伦敦工人教育协会为罗·勃鲁姆被害二十周年举行纪念会。

12月25日 列斯纳的妻子死于肺病。

1869年(四十四岁)

3月26日 受总委员会委托,与改革同盟共同筹备召开厄·琼斯的追悼会。

5月12日 在马克思起草的《致合众国全国劳工同盟公开信》上签名。

9月6—11日 出席国际巴塞尔代表大会,再一次被选入总委员会。

10月12日 与玛丽·布莱登巴赫结婚。

12月底 列斯纳成为土地和劳动同盟的成员。

1870年(四十五岁)

2月5日 在伦敦德意志工人教育协会成立三十周年的庆祝会上发表演讲。

7月23日 在马克思起草的《国际工人协会总委员会关于

普法战争的第一篇宣言》上签名。

9月9日　在马克思起草的《国际工人协会总委员会关于普法战争的第二篇宣言》上签名。

10月底　为工人教育协会起草一份声明，反对兼并阿尔萨斯和洛林。

1871年（四十六岁）

5月30日　在马克思为总结巴黎公社教训而起草的《法兰西内战》上签名。

7月11日　在马克思起草的《美国驻巴黎大使华施贝恩先生》这篇宣言上签名。

9月17—23日　出席国际伦敦代表会议。

10月25日　被选入国际工人协会不列颠联合会委员会。

12月　列斯纳租定一座房屋，并想通过转租以贴补家用。

1872年（四十七岁）

3月5日　在马克思和恩格斯起草的《所谓国际内部的分裂》上签名。

3月18日　参加巴黎公社一周年纪念大会。

7月20—22日　出席不列颠联合会委员会诺定昂代表大会。

9月2—7日　出席国际海牙代表大会。

附 录 弗里德里希·列斯纳生平活动大事记

1873 年（四十八岁）

1月11日 伦敦《国际先驱报》发表列斯纳的文章《致尊敬的约翰·黑尔斯先生》。

6月1—2日 出席不列颠联合会委员会曼彻斯特代表大会。

1874 年（四十九岁）

9月20日 列斯纳写信给约·菲·贝克尔，说他要的《福格特先生》一书已找到。

1875 年（五十岁）

3月17日 参加伦敦工人举行的纪念巴黎公社的大会。

12月16日 收到恩格斯的信，得悉奥·弗兰克尔在维也纳被捕。

1876 年（五十一岁）

2月7日 因病未能参加德意志工人教育协会成立纪念会，向大会送去一封贺信。

1877 年（五十二岁）

1月8日 给恩格斯写信，祝贺《反杜林论》在《前进报》上发表。

1878年(五十三岁)

9月22日　给恩格斯写信,哀悼恩格斯的妻子莉希·白恩士去世。

11月17日　在欧文逝世二十周年纪念会上发言。

1880年(五十五岁)

11月27日　在马克思和恩格斯起草的《致日内瓦一八三〇年波兰革命五十周年纪念大会》上签名。

1883年(五十八岁)

3月15日　恩格斯写信给列斯纳,宣布马克思逝世的噩耗,并以爱琳娜·马克思的名义请他参加葬礼。

3月18日　列斯纳为马克思送葬。

6月以后　加入民主联盟。

1884年(五十九岁)

3月18日　在纪念马克思逝世一周年大会上发表讲话。

12月30日　加入社会主义同盟。

1886年(六十一岁)

年初　列斯纳成为社会主义同盟的领导人之一。

附　录　弗里德里希·列斯纳生平活动大事记

3月18日　代表德意志工人教育协会在纪念巴黎公社十五周年大会上发表讲话。

11月21日　参加在伦敦特拉法加广场上的工人集会。

1888年（六十三岁）

11月　列斯纳把约·贝克尔的十五封信转交给德国民主党档案馆。

1890年（六十五岁）

4月5日　在工人教育协会发表演说，题目是《现代工人运动和反对资产阶级的斗争》。

8月16日　在工人教育协会作报告，题目是《向工人阶级宣传政治、社会经济学》。

11月28日　写信祝贺恩格斯生日，感谢他为工人阶级的解放所作的巨大贡献。

1892年（六十七岁）

5月3日　在伦敦参加五月游行和集会。

1893年（六十八岁）

3月初　《新时代》杂志发表列斯纳《一个工人对马克思的

回忆》；米兰的《社会评论》第6期刊登该文的意大利译文。

8月6—12日 参加在苏黎世举行的第三次国际社会主义工人代表大会。

10月22—28日 参加德国社会民主党科隆代表大会。

1894年（六十九岁）

10月21—27日 参加德国社会民主党法兰克福代表大会。

11月28日 与罗赫纳联名写信向恩格斯祝寿。

1895年（七十岁）

4月底 《新时代》杂志刊登列斯纳的文章《学者与未受教育的工人》。

8月10日 恩格斯逝世，列斯纳致送花圈。

8月27日 列斯纳与爱琳娜·马克思、爱·艾威林和伯恩施坦一同把恩格斯的骨灰撒入伊斯特本海滨。

1896年（七十一岁）

10月10日 写信祝贺在哥达举行的德国社会民主党代表大会的召开。

附 录 弗里德里希·列斯纳生平活动大事记

1897年（七十二岁）

1月24日 在社会民主协会作报告，题目是《社会主义和工联主义》。

3月21日 在社会民主协会作报告，题目是《一个社会主义者一生的五十一年》。

4月 德国社会民主党为表彰列斯纳对工人运动的贡献，决定从1月1日起发给他养老金，每季度240马克。

1898年（七十三岁）

3—5月 《德意志言论》刊登列斯纳的文章《一八四八年前后：一个老共产主义者的回忆》。

1899年（七十四岁）

3月21日 列斯纳迁往伦敦郊区。

1900年（七十五岁）

8月13日 参加李卜克内西的悼念会，并发表演说。

1901年（七十六岁）

4月30日 《莱茵报》发表列斯纳的五一节祝词。

9月14日 《正义报》发表列斯纳纪念荣克的短文。

1902 年（七十七岁）

6月14日　写信给哈·奎尔奇，祝贺他二十年来对社会主义运动的贡献。

12月　《茅屋》杂志发表列斯纳《一个工人对弗里德里希·恩格斯的回忆》。

冬季　列斯纳身患重病。

1903 年（七十八岁）

1月5日　《莱茵报》发表列斯纳的新年贺词。

1904 年（七十九岁）

3月　在共产主义工人教育协会举办的纪念巴黎公社大会上发表演说。

7月30日　在《正义报》上发表文章，支持关于在马克思墓前竖立纪念碑的倡议。

1905 年（八十岁）

2月25日　列斯纳八十寿辰。

12月底　列斯纳给维也纳《工人报》寄去新年祝词。

附 录 弗里德里希·列斯纳生平活动大事记

1909 年（八十一岁）

5月26日 《正义报》发表列斯纳悼念艾森加尔腾的文章。

6月16日 《正义报》发表列斯纳悼念爱尔兰工人领袖达维特的文章。

11月3日 《正义报》发表列斯纳悼念左尔格的文章。

1907 年（八十二岁）

5月 列斯纳的回忆录《社会民主运动六十年》的英译本在伦敦出版。

6月 列斯纳患病，右眼几乎失明，听觉日益衰退。

1908 年（八十三岁）

3月22日 列斯纳让他的女儿卡特代笔写信给拉法格夫妇，要他们注意3月14日《正义报》上那篇攻击马克思的文章。

1910 年（八十五岁）

1月11日 列斯纳逝世。